일리아스

서울대클래식

일리아스 | 호메로스 |

초판 1쇄 발행 2023년 12월 30일

해설·옮김 김헌

펴낸곳 서울대학교출판문화원
주소 08826 서울 관악구 관악로 1
도서주문 02-889-4424, 02-880-7995
홈페이지 www.snupress.com
페이스북 @snupress1947
인스타그램 @snupress
이메일 snubook@snu.ac.kr
출판등록 제15-3호

ISBN 978-89-521-3033-4 04890
978-89-521-3030-3 (세트)

서울대
클래식

일리아스 | 호메로스 |

김헌 해설·옮김

서울대학교출판문화원

〈호메로스〉
(Philippe-Laurent Roland, 1812)

머리말

서양 문학은 《일리아스》와 함께 시작한다. 《일리아스》는 서양 최초의 완성된 문학 작품이지만, '최초'라는 가치에 그치지 않고 그 이후의 모든 문학 작품이 우러러보는 최고 수준의 작품이다. 지금으로부터 2,800여 년 전에 문자로 기록되기 시작한 이 이야기의 뿌리는 그로부터 다시 수백 년을 거슬러 올라간다. 전설적인 트로이아 전쟁을 배경으로 활약하던 아킬레우스와 수많은 전사들에 대한 기억이 노래로 만들어지고 입에서 입으로 전해지다가 문자로 정착된 것이다. 그러나 그 이야기에는 트로이아 전쟁 이전, 태곳적부터 고대 그리스인들이 상상하던 세계가 누적되어 있다. 이처럼 서구 정신의 원초적인 뿌리라 할 수 있는 《일리아스》는 집단창작의 지혜를 담아낸 구술문화와 천재적인 한 작가의 솜씨가 빛나는 문자문화의 경계선상에서 태어난 작품이다. 그러므로 《일리아스》는 청중 앞에서 노래하던 음유시인들의 공연 흔적과 구술문화의 특징을 듬뿍 담고 있다. 그리고 그 안에서 고대 그리스의 신화적 상상력이 영웅적 인물들과 격렬한 사건을 빚어내며 신과 인간들이 어우러지는 웅장한 세계를 펼쳐낸다.

과거 영웅들의 지나간 옛날이야기를 멀찍이 거리를 두고 즐기다가도, 우리는 문득 그들의 이야기 속으로 빨려 들어가곤 한다. 아니 그들이 불쑥 우리 곁으로 다가온다. 그들의 모습 속에서 우리 자신을 발견하기 때문이다. 그리스 신화에서 영웅이란 신과 인간 사이에서 태어난 반인반신의 존재다. 그래서 그들은 신들과도 같은 놀라운 능력과 열망을 가지고 보통 인간들의 수준과 일상을 훌쩍 뛰어넘어 불멸하는 신들의 영역으로 치솟아 오르는 도전을 감행한다. 그러나 인간이기에 인간의 한계에 부딪혀 결국 파멸하고 몰락하는 비극의 주인공이 된다. 그런 영웅의 모습이 우리와는 상관없는 신화와 전설에나 나오는 것이라고 생각하다가도, 우리가 바로 그런 열망을 품고 있다는 것을 불현듯 발견하게 된다. 평범한 일상에 갇힌 채 짓눌려 기를 펴지 못하고 우리의 내면에 잠들어 있던 영웅성을 깨우게 되는 것이다.

우리가 늘 하는, 우리는 그저 그런 존재고 대단히 뛰어날 것이 없다는 생각은 어쩌면 무거운 일상이 우리에게 강요한 것일지도 모른다. 현실에서 부딪히는 한계에 대한 반복적인 좌절이 우리의 영웅성을 위축시켜 우리의 의식 속에 꽁꽁 숨긴 것이다. 우리는 우리 안에 그런 뜨거운 열정이 있는 줄도 모르고 살아온 것이다. 그러다가 우리처럼 죽을 운명을 안고, 분노와 슬픔을 주체하지 못하고 실수를 거듭하는 영웅들의 모습을 보면서 그들에 공감하고, 그들이 다시 일어서 도약하며 빛나는 활약을 펼칠 때, 우리도 함께 일어서 가슴속에 잠들어 있던 영웅성을 깨우며 그들과 함께 일렁인다.

그렇다. 우리의 소원과 상상력, 꿈은 영웅에 못지않게 인간의 한계를 뛰어넘어 초월의 영역으로 도약한다. 비록 현실에 묶여 있지만, 우리의 정신만은 날개를 달고 높이 치솟을 수 있음을 발견하며 상상 속에서 우리 스스로 하나의 영웅이 되는 것이다.

그러나 현실에서 벗어나 거리를 두고 책을 읽는 동안 주인공들과 함께 그려내는 상상 속에서만 그런 것은 아니다. 책을 덮고 다시 현실에 들어서면서도 우리는 우리 세계 속에서 영웅으로 설 수 있게 된다. 모든 사람들은 자신이 써 내려가는 삶의 이야기 속에서 주인공이다. 내가 다른 사람보다 못한 것 같고, 내세울 것 없이 평범하고 초라한 것처럼 보여도, 보이는 것이 전부는 아니다. 내가 존재하고 생각하고 꿈꾸며 살아가기 때문에 세상이 존재한다는 사실, 내가 죽고 없어진다면 세상도 사라져 버리는 것이라는 엄연한 진실을 깨달을 때, 내가 적어도 내 삶에서는 가장 중요한 주인공이자 영웅임을 깨닫게 되는 것이다. 다른 사람들이 나에 대해 내리는 평가보다 중요한 것은 내가 내 삶에서 의미와 가치를 발견하고 주인공으로서 살아가는 것이다.

젊은 시절, 《일리아스》는 내게 그런 책이었다. 책을 읽는 동안 주인공들과 함께 호흡하며 전쟁터를 누비면서 두려워 떨고, 용기를 내서 다시 일어서 돌진했고, 그 독서의 경험이 나에게 세상에 대한 우려와 실패에 대한 두려움을 이겨내고 도전할 수 있는 용기를 불어넣어 주었다. 죽음의 한계와 공포를 이겨내며 자신을 불멸의 존재로 만들기 위해 싸워 나가는 영웅들의 생생하고 격렬한 투쟁에 참가하면서, 그 피비린내 나는 '아름다운' 죽음을 목도하고 애도하면서 나는 삶의 본질을, 이 세상의 진실을, 내 삶에서 가장 중요한 것이 무엇인지를 깨닫기 시작했다. 이 작은 책을 통해 독자들이 내가 했던 경험을 조금이나마 함께 맛보면 좋겠다.

이 책은 서울대학교출판문화원이 펴내는 '서울대 클래식' 시리즈의 세 번째 책이다. 앞선 두 권의 책, 《춘향전》

과《국가(플라톤)》가 해설과 발췌역을 나누어 서술한 것과 달리, 이 책은 각 권의 내용을 설명하고 해설하면서 발췌역을 함께 제시하여《일리아스》의 서사를 최대한 살려 보려고 했다. 원문을 발췌하여 소개한 부분 이외에 전체 서사를 이끌어 나가는 나의 서술에서도 호메로스 특유의 표현과 문체, 서사 방식을 최대한 보여 주려고 노력했다.

책의 시작 부분은《일리아스》와 그 작가로 알려진 호메로스에 관련된 문헌학적인 사정을 약술한다. 이어지는 부분은 트로이아 전쟁을 다룬 이른바 '트로이아 전쟁 서사시 모둠(Trojan Epic Cycle)'을 소개한다. 이는《일리아스》가 트로이아 전쟁이 시작된 지 10년째 되는 해의 한 사건을 다루고 있기 때문에 전쟁의 원인과 10년 동안의 전개, 그리고《일리아스》 이후의 이야기들에 대해 독자들의 이해를 돕기 위함이다.

내가 아무리 잘 쓴다고 해도 원작을 넘어설 수는 없을 것이다. 그러나 이 책을 읽으면서 서양 최초이자 최고의 문학 작품《일리아스》의 매력과 가치를 독자들이 느낄 수 있다면 좋겠다. 수천 년의 세월과 지리적인 거리를 뛰어넘어 지금 여기 우리에게도 여전히 생생한 호메로스의 목소리가 독자 여러분의 가슴속에 잠들어 있는 '영웅본색'을 일깨웠으면 좋겠다. 우리 모두는 각자가 살아감으로 남기는 고유한 삶의 궤적 속에서 가장 중요한 주인공임을, 찬란하게 빛나는 영웅임을 깨닫는 기회가 되었으면 좋겠다.

2023년 10월

김헌

차례

《일리아스》 해설

들어가는 말

프랑스의 소설가이자 시인인 레이몽 크노는 “모든 위대한 문학 작품은 《일리아스》거나 《오뒷세이아》이다.”라는 말을 했다. 다소 과장된 점이 없지 않지만, 두 작품이 서양 문학사 전체에서 갖는 위상을 이보다 더 인상적으로 표현한 말은 없을 것 같다. 서양 문학사의 맥을 잇는 위대한 문학 작품들이 고대 그리스 최초의 서사시인 두 작품을 뿌리요 원천으로 삼아 그 흐름 속에서 창작되었다는 뜻이니 말이다. 이는 이 두 작품을 읽지 않고 서양 문학사를 말할 수 없게 만드는 선언과도 같다. 이 책에서는 서양 문학사 최고(最高)이며 동시에 최고(最古)인 고전 두 권 가운데 먼저 쓰인 것으로 알려져 있는 《일리아스》를 다루려고 한다.

먼저 이 작품을 간략하게 소개한 후, 작가와 트로이아 전쟁을 다룰 것이다. 그런 다음 작품 속으로 들어가 흥미롭고 중요하다고 생각되는 부분을 중심으로 원문을 음미하고, 나머지 내용을 설명하는 식으로 책을 구성하려고 한다. 이 책만으로도 독자들이 원문을 읽은 것에 버금가는 정보와 감동을 얻을 수 있으면 좋겠다. 더 나아가 이 책을 읽은 독자가 《일리아스》 원문 전체를 읽고 싶은 마음이 든다면 더욱 좋겠다. 그럴 때 비로소 이 책은 그 소임을 다하는 것이다.

《일리아스》와 《오뒷세이아》는 그리스·로마 신화에서 가장 유명한 트로이아 전쟁을 배경으로 한다. 전쟁은 10년 동안이나 지속되지만, 《일리아스》는 전쟁이 터진 지 10년째 되는 해 수십 일 동안의 사건만을 그리고 있다. 그 주인공은 아킬레우스다. 아킬레우스는 '발이 빠른' 전사로 불리는 용장(勇將)이며, 트로이아 전쟁 최고의 싸움꾼이다. 반면 《오뒷세이아》는 그리스 전사들 가운데 가장 '꾀가 많은' 지장(智將)으로 꼽히는 오뒷세우스가 전쟁을 끝내고 집으로 돌아가는 이야기다. 그가 집으로 돌아가는 데에 10년이나 걸리지만, 이 작품은 전쟁이 끝나고 10년째 되는 해의 수십 일의 기록이다. 전쟁이 시작되고 오뒷세우스가 집으로 돌아가기까지 20년이나 걸린 셈이고 그 앞뒤로도 이야기가 덧붙여지니, 전쟁과 관련된 시간은 훨씬 더 길다.

그런데 트로이아 전쟁은 역사적인 사실일까? 정말로 수많은 신들의 자식인 영웅들이 청동으로 만든 번쩍이는 무장을 입고 격렬하게 싸웠을까? 만약 그 일이 일어났다면, 대략 기원전 13-12세기경이었을 것이다. 이 당시는 펠로폰네소스반도에 있던 뮈케네를 중심으로 한 문명이 형성되어 절정에 이른 시기였다. 뮈케네의 왕 아가멤논이 전쟁을 주도한 총사령관이었고, 그의 동생인 스파르타의 왕 메넬라오스와 함께 아킬레우스와 오뒷세우스, 아이아스와 디오메데스 등 그리스의 수많은 전사들이 이 전쟁에 참여했다. 트로이아 쪽에서는 그리스의 침략을 막기 위해 헥토르와 파리스를 비롯해서 사르페돈과 아이네이아스 등이 참전했다.

물론 트로이아 전쟁의 역사성 자체를 부인하는 사람도 적지 않다. 기원전 5세기의 그리스 역사가 투키디데스는 대놓고 트로이아 전쟁을 부인하지는 않았지만, 트로이아 전쟁이 부풀려 말하기 좋아하는 시인들의 상상력이 만들어 낸 허구일 가능성을 적극적으로 암시한다. 수많은 그리스 해적들이 부자 동네인 소아시아로 가서 노략질을 했는데, 그 이야기들이 그리스인들의 시각에서 과장되고 그럴듯하게 포장되어 큰 전쟁이 조직적으로 일어난 것처럼 전해졌다는 식이다. 전쟁의 원인도 트로이아 왕자 파리스가 스파르타의 왕비 헬레네를 납치한 범죄에 대한 정의로운 응징이라는 명분의 옷을 입고 이야기가 꾸며졌으며, 그 과정에서 그리스의 해적 두목이 위대한 영웅으로 둔갑한 것일지도 모른다. 지금도 어느 정도는 그렇지만, 고대 사회에서 전쟁은 중요한 경제 활동이었다. 잘 만든 칼과 창, 방패, 그리고 뛰어난 전사들만 있다면 1년 내내 농사를 짓지 않아도 식량을 단시간에 확보할 수 있고, 수많은 물자를 거저 얻을 수 있으며, 양질의 노예들을 포획할 수 있으니 전쟁이야말로 수지맞는 장사가 아니겠는가? 그러니 해적질을 일개 해적만 한 것이 아니라, 국가가 조직적으로 나서서 했다는 것도 납득할 만한 일이다.

어쨌든 이 전설적인 트로이아 전쟁은 그리스의 승리로 끝났다. 그러나 전쟁의 결과는 참담했다. 뮈케네의 왕 아가멤논은 집으로 돌아가자마자 암살당했고, 그 서슬에 뮈케네 문명이 몰락하기 시작하면서 그리스가 암흑기로 접어들었기 때문이다. 특히 북쪽에서 호전적인 도리아인들이 대거 침략해 오면서 그리스 본토 안에서 크고 작은 전쟁이 벌어졌다. 그렇게 400년에서 500년에 이르는 혼란스러운 세월이 흘렀는데, 이 시기를 '암흑기'라 부르곤 한다. 혼란의 긴 터널 끝에 새로운 빛이 비추기 시작했다. 그리스 내부의 혼란이 차츰 수습되면서 도시국가가 성립

하고 정치적으로 안정을 되찾기 시작했다. 기원전 8세기에는 페니키아에서 문자가 들어오면서 그리스 알파벳이 다듬어져 본격적으로 사용되기 시작했다. 바로 이 시기에 수백 년 동안 사람들의 입에서 입으로, 기억에서 기억으로 전해져 오던 트로이아 전쟁에 관한 이야기가 문자로 기록되었다. 여러 작품들이 있었지만, 우리에게는 《일리아스》와 《오뒷세이아》만이 온전한 모습으로 전해진다.

두 작품의 저자로 꼽히는 이가 바로 '호메로스'다. 그는 점점 일반화되기 시작한 그리스 알파벳을 이용해 전설과 신화를 두 작품에 담아냈다. 고대 사회에서 호메로스는 의심의 여지가 없는 위대한 작가였다. 기원전 4세기에 아테네에서 활동하던 플라톤과 아리스토텔레스는 호메로스를 위대한 작가로 칭송했다. 그러나 헬레니즘 시대의 이집트 알렉산드리아에 도서관이 세워지고 전문 학자들이 문헌을 체계적으로 필사하고 탐구하면서 호메로스를 조금씩 의심하기 시작했다. 특히 작품의 통일성보다는 불일치와 어색한 균열을 주목한 학자들에 의해서였다.

지금 우리가 읽고 있는 《일리아스》는 기원전 3세기의 학자 제노도토스가 정리한 것이라고 할 수 있다. 알렉산드리아 도서관의 책임자였던 그는 여기저기에서 전해져 오던 《일리아스》의 다양한 자료들을 모아 알파벳 스물네

렘브란트의 1653년 작품 〈호메로스 흉상과 아리스토텔레스〉. 그리스 철학자 아리스토텔레스에게 르네상스 인문주의자들이 입던 옷을 입힘으로써 르네상스 인문주의자들에게까지 여전히 영향력이 있었던 아리스토텔레스 철학과 시학의 가치를 표현한 렘브란트의 상상력이 흥미롭다. 호메로스의 흉상을 조심스럽게 만지는 아리스토텔레스의 모습은 그의 시학에서 호메로스가 갖는 중요성뿐만 아니라 서구 문학사에서 차지하는 비중을 잘 보여 준다.

자에 맞춰 스물네 개의 두루마리에 정리했다. 물론 그가 자의적으로 이 작품을 자르고 붙이고 수정·보완해서 편집한 것은 아니다. 오랜 세월 전해져 내려와 그의 앞에 놓이게 된 자료들도 모두 두루마리에 작성된 것이어서 한 권의 분량은 어느 정도 정해져 있었다. 제노도토스는 이 가운데서 전통에 가장 충실하며 신뢰할 만한 자료들을 묶어 스물네 권으로 정리했던 것이다. 그러나 그는 자료가 다양하고 그 수도 많은 것을 보고, 어느 것이 진짜 호메로스가 쓴 것일지 고민했을 것이다. 그러다가 호메로스의 존재를 의심하는 데까지 이르렀을지도 모른다.

로마가 기독교를 국교로 인정하면서 중세가 본격화될 때, 호메로스의 작품은 예전보다 덜 읽혔고 관심에서 멀어져 갔다. 성서를 진리로 보며 여호와 유일신 사상에 기초한 세계관에서 수많은 잡신들이 설쳐 대는《일리아스》가 불온한 책으로 내몰렸을 것은 불 보듯 훤하다.

현대에 들어서는 프리드리히 아우구스트 볼프가《호메로스 서설(*Prolegomena ad Homerum*)》(1795)이라는 책을 내면서 '호메로스가 누구인가?'라는 문제가 본격적으로 논의되기 시작했다. 볼프는 호메로스라는 한 작가가《일리아스》를 처음부터 끝까지 일목요연하게 작성한 것이 아니라고 생각했다. 그의 주장을 분석론이라고 한다. 즉,《일리아스》가 호메로스라는 한 작가가 아니라 여러 작가의 손길에 의해서 쓰인 것으로 분석될 수 있다는 것이다. 그에 따르면, 《일리아스》를 이루는 여러 어휘나 문체 그리고 서사 구조나 등장인물의 성격 등 여러 부분에서 상당 수준의 불일치나 모순이 발견된다고 한다. 이런 분석의 결과는 결국 《일리아스》뿐만 아니라 《오뒷세이아》도 하나의 단일한 작가의 작품이 아니라 여러 작가의 작품이 얼기설기 짜깁기된 것이라는 주장으로 이어진다. 일부 학자들은 두 작품에 하나의 작가가 존재한다는 단일론을 수용하면서도 적어도 《일리아스》와 《오뒷세이아》의 작가는 단일 작가가 아니라 서로 다른 두 명의 작가라고 주장하기도 한다.

한편 20세기 중반에 미국의 문헌학자인 밀먼 패리는 서사시의 구성에 구전 전통이 차지하는 비중을 좀 더 면밀하게 탐구해서 아주 새로운 주장을 내놓았다. 그가 주목한 것은 서사시의 도처에서 반복적으로 사용되고 있는 정형구였다. 예를 들면 '발이 빠른 아킬레우스', '암소 눈의 헤라', '수완 많은 오뒷세우스' 같은 표현은 구전 전통 속에서 수많은 구술 가수들이 공통적으로 자주 사용한 것이고, 더 나아가서 특정 사건을 기술해 나가는 어떤 전형적인 이야기 구조나 그 이야기를 꾸려 나가는 유형도 구술 가수들의 집단 창작의 산물이며 흔적이라고 본 것이다.

이런 입장에 서면 설령《일리아스》나《오뒷세이아》가 한 작가가 집대성한 것이라 하더라도 작가의 창작성보다는 그가 의존하고 있는 수많은 구술 가수들의 오래된 공동 작업의 방식과 전통이 더 중요한 것으로 평가된다.

그런데 호메로스가 과연 실존했을까? 그가 실존했다 하더라도《일리아스》와《오뒷세이아》라는 작품에 어떤 공헌을 얼마나 한 것일까? 이와 같은 호메로스 문제는 그 논쟁 자체로도 서사시의 내용만큼이나 고전학자들에게는 아주 흥미로운 주제였다. 독자들도 이런 사정을 염두에 두고 작품을 읽는다면 또 다른 재미를 느낄 수 있을 것이다. 하지만 그런 문제를 다 떠나서 내 앞에 놓인 서사시《일리아스》를 하나의 작품으로 놓고 감상하는 일은 그 자체로 충분히 흥미롭고 의미 있는 일이다. 이제 본격적으로 이 두 작품 속으로 들어가 보자.

트로이아 전쟁 서사시 모둠

《일리아스》는 옛 그리스 사람들이 대대적인 연합군을 구성해 배를 타고 에게해를 건너, 현재 튀르키예 북서부 해안 지역에 살던 트로이아 사람들을 공격하며 시작된 전쟁을 배경으로 한다. 그런데 당시에는 '그리스'라는 말이 없었을 뿐 아니라 그리스 민족 전체를 통칭하는 말도 따로 없었다. '그리스' 대신에 '아카이아(Achaia)'라는 말이 주로 사용되었는데, 이는 본래 펠로폰네소스반도 전 지역을 일컫는 지명이다. 이로부터 외연이 확대되어 펠로폰네소스반도를 비롯해 그리스 본토 테살리아와 크레타섬과 이타카섬에 사는 사람들을 통칭하게 되었으며, 더 나아가 그리스(헬라스) 전역의 주민들을 통칭하는 개념으로까지 발전했다. 그 밖에도 경우에 따라서는 '아르고스인' 또는 '다나오스인'이라고도 하며, 특히 테살리아 평원을 근거지로 하는 아킬레우스의 전사들에 대해선 '뮈르미돈인'이라고 한다. 하지만 이 책에서는 호메로스의 《일리아스》 본문을 직접 인용하는 부분을 제외하고, 필자가 설명하는 부분에서는 '아카이아', '아카이아인'이라는 말 대신에 일반 독자들에게 익숙한 '그리스', '그리스인'이라고 썼다.

한편 '트로이아'는 흔히 영어식으로 트로이(Troy)라고 하는 곳인데, 고대 아테네인들이 쓰던 고전 그리스어의 음을 따르면 '트로이아(Troia)'이고, 호메로스가 시를 썼던 이오니아 방언으로 하면 '트로이에'다. 이 책에서는 이오니아 방언 대신 고전 그리스어 표준 발음인 '트로이아'로 표기했다. 마찬가지로 '이타케'는 '이타카'로, '아테네'와 '헤레'는 각각 '아테나'와 '헤라'로 표기했다. 몇몇 사례에서 보는 바와 같이 이오니아 방언에서 '-에'로 끝나는 말은 아티카 표준어에서는 '-아'로 바뀐다. 이 원칙에 맞추어 표기했다.

《일리아스》에는 '트로이아'라는 말 대신에 '일리오스' 또는 '일리온'이라는 이름도 등장한다. 사실 《일리아스》라는 제목 자체가 '일리오스 도성의 노래'라는 뜻이다. 그리스인들과 전쟁을 치른 사람들은 트로이아인들이지만, 그들 외에도 여러 지역에서 온 트로이아 동맹군이 전쟁에 참여했다. 이 책에서 '트로이아인들'이라고 하면 특별한 경우를 제외하고는 트로이아인들과 그 동맹군들을 다 포함한다.

그런데《일리아스》는 트로이아 전쟁의 처음부터 끝까지 시간 순서에 따라 사건과 사건의 인과관계를 잘 엮어낸 이야기는 아니다.《일리아스》의 이야기는 전쟁이 시작된 지 10년째 되는 해의 한 시점을 잡아서 시작되며, 그리스 연합군 최고의 전사 아킬레우스의 치명적인 일격에 쓰러진 트로이아 최고의 전사 헥토르의 장례식으로 갑자기 끝난다. 따라서 그리스 신화의 흐름을 모르는 독자들이《일리아스》을 읽어 나가려면 여간 생소하고 어려운 것이 아니다. 그래서《일리아스》의 내용을 이해하기 위해서는《일리아스》 이전의 이야기를 살펴본 다음, 다시《일리아스》 안으로 들어오는 것이 좋다.

✤ ✤ ✤

《일리아스》 바깥으로 나가면 일단 호메로스의 다른 작품《오뒷세이아》가 있지만, 두 권을 다 읽어도 트로이아 전쟁 전체를 다 그려 볼 수는 없다. 전쟁의 처음부터 끝까지를 다 보려면 트로이아 전쟁을 소재로 쓰여진 서사시들의 묶음인 '트로이아 전쟁 서사시 모둠(Trojan Epic Cycle)'

을 보아야 한다. 이 모둠에는《퀴프리아》,《아이티오피스》,《작은 일리아스》,《일리오스의 함락》,《영웅들의 귀향》,《텔레고네이아》가 포함되어 있다. 여기에 호메로스의 두 작품《일리아스》와《오뒷세이아》가 덧붙여지면 트로이아 전쟁의 전모를 볼 수 있다. 아쉽게도 호메로스의 두 작품을 제외한 다른 서사시들은 전해지지 않고 조각글들만이 남아 있을 뿐이다. 하지만 이 전체 내용의 줄거리는 서기 2세기의 문법학자 에우튀키오스 프로클로스로 추정되는 이가 그리스어 교육을 위해 문학 작품의 중요한 구절을 뽑아 엮어 놓은 책(Khrêstomateia) 속에 남아 있다.

이 가운데 시간적으로 가장 처음 부분에 해당하는《퀴프리아》는 기원전 7세기 후반에 스타시노스가 쓴 것으로 알려져 있다. 그는 의식적으로 호메로스의 서사시와 겹치지 않는 부분을 다루려고 했다.《퀴프리아》는 전쟁이 일어나게 된 원초적인 원인을 다음과 같이 소개하며 시작한다.

> 떠도는 사람들의 수많은 종족들이/ 땅에 두루 퍼져 있었을 때,/ [* * * 텍스트 파손 * * *] 무거워진 땅의 넓이를./ 제우스가 쳐다보고 연민하며 꼼꼼한 가슴 속에/ 만물을 먹이는 땅에서 인간들을 쓸어 내기로/ 정하고 있었나니,/ 일리오스 전쟁이라는 큰 불화를 일으

켜/ 죽음으로써 무거운 짐을 덜어 내기 위함이었다./ 하여 트로이아에선/ 영웅들이 죽어 가고, 제우스의 뜻은/ 이루어지고 있었다.

이 조각글에 고대인의 주석이 덧붙여진다. "… 다른 사람들은 전해져 오는 어떤 이야기를 근거로 호메로스가 한 말이라고 하면서 다음과 같이 말했다. 그들에 따르면, 경건함이라고는 찾아볼 수 없는 인간들의 수가 많아져 이로 인해 대지가 무거워지자, 대지의 여신 가이아가 제우스에게 무게를 덜어 달라고 간청했다. 그래서 제우스는 곧바로 우선 테베 전쟁을 일으켜 많은 사람들을 쓸어 버렸다. 그 다음으로 다시 [트로이아 전쟁을] 일으켰는데, 이는 그가 천둥과 홍수로 (인간) 전부를 파멸시킬 수도 있었지만 모무스의 조언을 따른 것이니, 이것이 제우스의 뜻이라고 호메로스는 말한다. …" 《퀴프리아》에는 트로이아 전쟁의 가장 근본적인 원인과 시발점이 언급된 다음에 트로이아 전쟁에 앞서 벌어졌던 테베 전쟁의 일곱 전사 이야기가 소개된다. 그리고 펠레우스와 테티스의 결혼식 이야기와 거기에서 문제가 된 황금사과와 관련된 파리스의 판정 사건이 이어지고, 아프로디테의 도움으로 파리스가 스파르타로 가서 헬레네를 납치해 오는 장면이 나온다. 한편 헬레네의 오라버니인 카스토르와 폴뤼데우케스의 죽음과 신격화가 이어지며, 헬레네의 남편 메넬라오스가 그의 형 아가멤논과 함께 그리스 연합군을 구성하여 아울리스에서 출항하는 이야기, 그리고 팔라메데스의 죽음과 아킬레우스를 전쟁에서 떼어놓아 트로이아인들을 구하려는 제우스의 계획이 이어진다. 그리고 《일리아스》 제2권 후반부에 나오는 트로이아인들과 그 동맹군들의 목록이 덧붙여진다. 《퀴프리아》의 내용 대부분은 《일리아스》 이전에 일어났던 사건들이다.

《퀴프리아》가 《일리아스》보다 이전에 일어난 사건들을 다루었다면, 《일리아스》에 이어지는 사건들은 《아이티오피스》 이후의 작품들에서 다루어진다. 《아이티오피스》에서는 헥토르가 죽은 직후의 이야기가 펼쳐진다. 아마조네스의 전사 펜테실레이아가 트로이아인들을 돕기 위해 트로이아로 오는데, 그녀는 수많은 활약을 벌이지만 결국 아킬레우스와 맞대결을 벌이다가 죽음을 맞이한다. 아킬레우스는 펜테실레이아의 투구를 벗기고 아름다운 얼굴을 보자마자 사랑에 빠졌고, 그녀의 죽음을 안타까워하며 눈물을 흘렸다. 이를 본 수다쟁이 테르시테스가 사랑에 빠진 그를 조롱하자, 분노한 아킬레우스가 그를 죽인다. 아이티오피아의 지배자이자 트로이아의 동맹 전사로 전쟁에 참여한 멤논이 아킬레우스에게 매우 호의적이었던 안틸로코스를 죽이자, 아킬레우스는 곧바로 그를 잔혹하게 처치한다. 탄력을 받은 아킬레우스는 거침없이 일리오스 도성을 향하여 달려가지만, 아폴론의 힘을 받은 파리스가 그의 발꿈치를 화살로 맞혀 죽인다. 이어 아이아스와 오뒷세우스가 아킬레우스의 시신을 구해 내는 이야기가 전개되며, 마지막으로 안틸로코스와 아킬레우스의 장례식과 추모 경기가 거행된다. 그리고 아킬레우스의 무장을 두고 아이아스와 오뒷세우스가 논쟁을 벌이는 장면에서 끝난다.

《아이티오피스》에 이어지는 《작은 일리아스》는 아킬레우스가 파리스의 화살에 맞아 죽은 이후, 아킬레우스의 무장을 차지하려고 그리스의 지휘관들이, 특히 오뒷세우스와 아이아스가 서로 다투는 사건으로 시작된다. 트로이아를 멸망시키기 위해 꼭 필요한 인물로 지목된 필록테테스가 트로이아 해변으로 오고 파리스와 대결하여 승리를 거두는 이야기가 이어지며, 오뒷세우스가 아킬레우스의 아들 네오프톨레모스를 데려오는 이야기와 네오프톨레모스가 트로이아 동맹군의 전사 에우뤼퓔로스를 처치하는 활약이 그려진다. 네오프톨레모스 역시 트로이아를 멸망시키기 위해 꼭 필요하다는 신탁(神託)에 따른 것이다. 오뒷세우스가 걸인으로 변장하고 트로이아 도성을 정탐하는 이야기와 정탐 도중에 만난 헬레네의 도움으로 승리의 전조인 아테나 여신상 팔라디온을 탈취한 사건이 삽입되어 있다. 그리고 마침내 에페우스가 목마를 만들고 그 안에 숨어 있던 그리스 전사들이 목마와 함께 트로이아 도성으로 들어가는 이야기가 전개된다. 본격적인 '트로이아 목마 작전'과 일리오스 함락의 이야기는 《일리오스의 함락》에서 다루어진다. 그러나 일리오스 함락 이후의 이야기 가운데 네오프톨레모스가 헥토르의 아내 안드로마케를 취하고 헥토르의 아들 아스튀아낙스를 트로이아의 성벽에서 내던져 죽이는 이야기는 《작은 일리아스》에 포함되어 있다.

《작은 일리아스》의 뒤를 잇는 《일리오스의 함락》은 해안가에 놓아둔 그리스인들의 목마를 어떻게 할 것인지를 트로이아인들이 논의하는 장면에서 시작된다. 오뒷세우스의 지시에 따라 그리스인들은 정예 전사들을 숨긴 목마를 해변에 놓아둔 채로 마치 전쟁을 포기하고 떠난 것처럼 꾸며 놓았던 것이다. 트로이아의 예언자 카산드라와 라오코온은 목마 안에 그리스 전사들이 숨어 있을 것이고, 그리스인들은 고향으로 달아난 것이 아니며, 목마는 위험한 미끼라고 경고한다. 그러나 트로이아인들은 그

경고를 무시하고 목마를 도성 안으로 끌고 들어가 축제를 벌인다. 포세이돈이 보내는 불길한 징조와 아이네이아스의 출항, 한밤중에 목마에서 나온 그리스 전사들의 살육 행위 등이 이어지는데, 네오프톨레모스가 프리아모스를 죽이고, 메넬라오스가 데이포보스를 죽이고 헬레네를 되찾는 이야기가 이어진다. 헬레네는 파리스 사후에 데이포보스와 다시 결혼한 상태였다. 트로이아 도성을 치는 와중에 오일레우스의 아들인 작은 아이아스가 카산드라를 겁탈하는데, 이에 분노한 아테나 여신은 귀향하는 아이아스를 바다에서 죽인다. 마지막으로 프리아모스의 딸 폴뤽세나를 아킬레우스의 무덤에서 산 채로 제물로 바치는 이야기 등이 전개된다.

그 다음에는《영웅들의 귀향》이 이어진다. 트로이아 전쟁을 승리로 이끈 그리스 전사들은 전리품을 함선 가득 싣고 집으로 돌아가는데, 그 여정이 그리 쉽지만은 않았다. 그 지난한 사연들이《영웅들의 귀향》에 담겨 있다. 트로이아 전쟁을 끝낸 그리스 전사들은 귀향을 시도하지만, 그들이 트로이아를 함락하며 자행한 불경스런 행위들에 분노한 아테나 여신은 그들에 대한 응징을 계획한다. 그리스의 영웅들 가운데 디오메데스와 네스토르는 별 탈 없이 안전하게 귀향하지만, 헬레네를 되찾아 돌아가던 메넬라오스는 폭풍에 휩싸여 이집트로 쓸려가 그곳에서 7년을 지낸다. 예언자 칼카스를 포함한 다른 전사들, 특히 네오프톨레모스는 테티스의 조언에 따라 바다 대신 육로를 통해 귀향한다. 한편 트로이아를 함락하는 과정에서 프리아모스의 딸 카산드라를 겁탈했던 오일레우스의 아들 아이아스는 폭풍에 휩싸여 에우보이아 남단에서 죽음을 맞이한다. 그리스군의 최고사령관이었던 아가멤논은 고향 뮈케네에 도착하자마자 아내인 클뤼타임네스트라와 그녀의 정부(情夫) 아이기스토스에 의해 암살당한다. 마지막으로 메넬라오스가 이집트에서 집으로 돌아오는 이야기는 《오뒷세이아》 3-4권에서 네스토르와 메넬라오스의 입을 통해 다시 전해진다.

《영웅들의 귀향》에 이어지는 내용은 이타카섬의 왕 오뒷세우스의 귀향 이야기를 담은 《오뒷세이아》이다. 그리스의 영웅들 가운데 가장 늦게 귀향한 인물이 바로 오뒷세우스였다. 그가 귀향하기까지 약 10년의 세월이 걸렸다. 그의 고향 이타카에서는 출정 당시 갓난아이였던 텔레마코스가 장성하여 아버지를 찾아 나서려고 한다. 그리고 오뒷세우스의 아내 페넬로페 곁에는 수많은 구혼자들이 몰려와, 오뒷세우스가 죽었으니 자기들 가운데 신랑감을 골라 새로 결혼을 하라며 농성하면서, 오뒷세우스의 가산을 탕진하고 있었다. 페넬로페는 그들의 협박과 유혹을 이겨내고 정절을 지키면서 오뒷세우스를 기다린다. 오뒷세우스의 아들과 아내, 두 사람의 이야기와 더불어 오뒷세우스가 집으로 돌아오는 길고 긴 귀향의 여정에서 겪은 수많은 사건들이 이야기 속에 엮여진다. 그는 죽은 자들이 머무는 지하 세계인 하데스에까지 내려갔다가 마침내 귀향하여, 아들을 죽이려 하고 아내를 노리던 못된 구혼자들을 응징한다. 죽임을 당한 구혼자들의 가족들이 복수를 위해 오뒷세우스의 궁전으로 몰려오고 오뒷세우스 부자도 이에 맞서지만, 아테나 여신이 나타나 이들의 싸움을 중단시키면서《오뒷세이아》는 막을 내린다.

트로이아 전쟁 이야기는 오뒷세우스의 귀향으로 끝나지 않는다. 여기에 오뒷세우스가 귀향한 후에 일어난 사건들을 담은《텔레고네이아》가 덧붙여진다. 이는 '텔레고노스의 노래'라는 뜻인데, 텔레고노스는 오뒷세우스의 아들이다. 오뒷세우스가 트로이아 전쟁을 끝내고 집으로 돌아가는 길에 아이아이아섬에 사는 키르케와 1년을 같이 보냈었는데, 그때 오뒷세우스와 키르케 사이에서 태어난 아이가 텔레고노스였다. 이 서사시는 오뒷세우스가 트로이아 전쟁에 참전한 지 약 20년 만에 집으로 돌아와 아내인 페넬로페를 만나고, 페넬로페를 괴롭히던 구혼자들

프란체스코 프리마티초의 1545년 작품 〈오뒷세우스와 페넬로페〉. 트로이아 전쟁을 끝내고 10년간의 방랑 생활 끝에 고향 이타카로 돌아온 오뒷세우스가 페넬로페와 침대에 앉아 그간의 이야기를 나누고 있다.

을 응징한 후에 그들의 장례식이 거행되는 장면에서 시작한다. 장례식이 끝나고 얼마 지나지 않아 다시 고향을 떠나 테스프로티아에 도착한 오뒷세우스는 그곳의 여왕 칼리디케와 결혼한다. 페넬로페가 오뒷세우스만 바라보며 20년 동안 정절을 지킨 것에 비해, 오뒷세우스는 페넬로페에 대해 무심한 듯하다. 그는 《오뒷세이아》에서 이미 키르케와 칼립소 같은 요정들과 진한 연분을 쌓으며 8년을 지내더니, 귀향 후에도 집에서 페넬로페와 오랜 시간 함께 지내지 못하고, 또 페넬로페를 남겨 두고 떠나 새로운 아내를 맞이한 것이다. 그는 테스프로티아의 여왕 칼리디케와의 사이에서 폴뤼포이테스를 낳고 테스프로티아에 정착해 이웃 나라 브뤼게스인들과 전쟁을 치른다. 이 전쟁에서 칼리디케가 죽고 그의 아들 폴뤼포이테스가 왕위를 계승하자, 오뒷세우스는 다시 이타카로 돌아온다. 한편 어머니 키르케와 함께 살던 텔레고노스가 장성하여 아버지를 찾아 나서는데, 폭풍에 휩쓸려 도착한 이타카에서 텔레고노스는 가축을 두고 시비가 붙은 가운데 오뒷세우스가 아버지인 줄도 모르고 죽이고 만다. 오뒷세우스는 죽음을 맞이하면서 텔레고노스가 자기 아들이라는 사실을 알게 되고, 텔레고노스는 자신이 죽인 사람이 아버지임을 깨닫고 비통에 빠진다. 텔레고노스는 오뒷세우스의 왕궁으로 찾아가 페넬로페와 이복형인 텔레마코스를 만나고, 그들을 데리고 키르케가 사는 아이아이아섬으로 돌아간다. 그런데 마지막에는 이루 말할 수 없이 황당한 결말이 기다린다. 텔레고노스는 페넬로페를 아내로 맞이하고, 텔레마코스는 키르케와 결혼하여 부부가 되기 때문이다. 이 이야기로 기나긴 트로이아 전쟁 이야기를 다룬 서사시 모둠은 끝난다.

《일리아스》의 등장인물과 그 이전의 이야기

《일리아스》를 수월하게 읽으려면, 일단 등장인물을 어느 정도는 알고 있으면 좋다. 그리고 《일리아스》에 나오는 사건이 일어나기 이전에 어떤 일이 있었는지 안다면 많은 도움이 될 것이다. 먼저 《일리아스》의 주인공 **아킬레우스**의 어머니 **테티스**를 보자. 사실 《일리아스》의 배경이 되는 트로이아 전쟁도 다 그녀 때문에 일어난 것이다.

그녀는 바다의 신 네레우스의 딸들(네레이데스) 가운데 하나다. 족보를 조금 더 거슬러 올라가 보면, 네레우스는 가이아(땅)의 아들이다. 이 세계가 만들어질 때 태어난 최초의 신 가이아가 혼자서 낳은 아들 폰토스(바다)와 결합하여 네레우스를 낳은 것이다. 네레우스의 딸 테티스는 매우 아름다워서 제우스가 눈독을 들일 정도였다. 크로노스(시간)가 가이아의 아들이자 남편인 우라노스(하늘)를 제거하고 세계를 제패했듯이, 제우스는 크로노스를 밀어내고 세계의 지배자가 된 올림포스 최고의 신이었다. 그러나 테티스를 함부로 범하지는 못했다. 테티스를 아껴서가 아니라 테티스가 낳은 자식이 아버지를 몰아내고 하늘의 주인이 될 것이라는 테미스 여신의 신탁 때문이었다. 제우스 자신도 아버지를 몰아내고 최고의 신의 권좌에 올랐는데, 여신 하나 때문에 권좌를 잃고 싶지는 않았다. 제우스는 결국 테티스를 포기했고, 테티스는 인간 펠레우스와 결혼하였다. 성대하게 열린 결혼식에 신들이 모두 초대되었지만 불화의 여신 에리스만 초대받지 못했다. 행복한 가정을 꾸리길 원한다면, 그 누가 불화의 신을 결혼식에 초대하겠는가? 결혼식에 초대받지 못한 것에 앙심을 품은 에리스는 결혼 잔치 한가운데에 황금사과를 던졌다. 그 사과에는 '가장 아름다운 여성에게'라고 쓰여 있었다. 많은 여신들 가운데 헤라와 아테나 그리고 아프로디테가 사과의 주인을 자처하고 나섰다. 황금사과는 과연 누구의 것이며, 누가 이를 결정할 것인가? 누구를 선택해도 선택받지 못한 나머지 두 여신의 앙심을 살 것이 분명했기 때문에 제우스는 그 결정을 트로이아의 왕자 파리스에게 맡겼다. 이것이 화근이 되었다.

파리스는 트로이아 전쟁에 불을 붙인 인물이니 주목해야 한다. 그는 권력과 권좌를 약속한 헤라, 지혜와 전쟁의

프란스 플로리스의 1548년 작품 〈파리스의 판결〉. 파리스는 황금사과를 아프로디테에게 건네고 승리의 여신 니케가 월계수 관을 씌워 주고 있다. 그녀의 아래에는 사랑의 화살을 든 에로스가 있고, 오른쪽에는 헤라와 아테나가 불만스러운 표정으로 바라보고 있다. 그들 위쪽에는 세 여신을 파리스에게로 인도한 헤르메스가 보이며, 멀리 구름 속에는 제우스가 올림포스의 다른 신들에 둘러싸여 이 장면을 지켜보고 있다.

승리를 약속한 아테나 대신 세상에서 가장 아름다운 여인과의 사랑과 결혼을 약속한 아프로디테를 황금사과의 주인으로 판정했다. 황금사과를 얻어 으쓱해진 아프로디테와 그의 아들 에로스의 도움으로 트로이아의 왕자 파리스는 당대 최고의 미인이었던 스파르타의 왕비 헬레네를 매혹시켜 트로이아로 납치(?)할 수 있었다. 그러자 격분한 스파르타의 왕 메넬라오스가 그리스 전역에서 동맹군을 모아 트로이아를 공격하면서 거대한 전쟁이 시작되었다. 파리스와 헬레네의 불장난 같은 사랑이 트로이아 전쟁의 원인인 셈이다. 여기에서 파리스가 납치한 당대 최고의 미인 **헬레네**와 그의 남편 **메넬라오스**도 《일리아스》에서 빼놓을 수 없는 중요 인물로 꼽힌다.

그리고 메넬라오스의 형인 뮈케네의 왕 **아가멤논**을 기억해야 한다. 그는 트로이아 원정에서 그리스 연합군의 총사령관을 맡았다. 그리스 연합군에는 아가멤논과 메넬라오스, 오뒷세우스, 두 명의 아이아스, 디오메데스, 백전노장 네스토르, 파트로클로스 등 뛰어난 전사들이 많았는데, 그중에서 아킬레우스가 가장 뛰어났다. 메넬라오스가 아내를 빼앗겼을 때, 그의 형 아가멤논이 동생의 원수를 갚기 위해 트로이아 원정에 참여하는 것은 당연한 일이겠지만, 다른 전사들은 왜 이 전쟁에 참여한 것일까? 그 원인 역시 헬레네였다.

헬레네는 제우스와 레다의 딸이었다. 튄다레오스의 아내였던 레다의 아름다움에 반한 제우스가 백조의 모습을 하고 레다와 결합한 것이다. 그 후 레다는 두 개의 알을 낳았다. 하나의 알에서는 헬레네와 폴뤼데우케스가 나왔고, 다른 알에서는 클뤼타임네스트라와 카스토르가 나왔다고 한다. 튄다레오스가 헬레네를 결혼시키겠다고 하자, 그리스 전역에서 수많은 사내들이 몰려들었고, 이 광경을 본 튄다레오스는 두려움에 휩싸였다. 한 사람을 사위로 선택할 경우, 선택받지 못한 사내들이 불만을 품고 반란을 일으킬 수도 있다고 생각했기 때문이었다. 이때 헬레네보다는 그녀의 사촌 페넬로페에 마음을 두고 있던 오뒷세우스는 튄다레오스에게 페넬로페와의 결혼이 성사될 수 있도록 도와준다면 위험을 피할 수 있는 묘안을 제시하겠다고 했다. 튄다레오스는 승낙했고, 오뒷세우스는 페넬로페를 얻는 조건으로 해결책을 제시했다. 즉 "헬레네와 결혼하고 싶은 구혼자들은 일단 누가 신랑이 되든지 그를 신랑으로 인정하고, 다른 누군가가 신랑에게서 헬레네를 빼앗으려고 한다면 그를 끝까지 도울 것을 맹세하고, 이 약속과 맹세를 하는 사람만이 일단 구혼자로서의 자격을 갖는다."라고 헬레네의 구혼자들에게 선언하도록 하는 것이었다. 튄다레오스는 오뒷세우스의 제안을 받아들였고, 모든 구혼자들은 이 제안에 따라 맹세를 했다. 마침내 메넬라오스가 신랑으로 선택되었고, 튄다레오스의 뒤를 이어 메넬라오스가 스파르타의 권좌에 올랐다. 오뒷세우스는 약속대로 페넬로페를 얻었고, 메넬라오스의 형인 아가멤논은 헬레네의 언니 클뤼타임네스트라를 아내로 삼았다.

황금사과를 얻은 아프로디테는 파리스가 스파르타로 가서 헬레네와 사랑을 나눌 수 있도록 해주었고, 두 사람은 트로이아로 떠났고, 그곳에서 결혼을 했다. 이에 격분한 메넬라오스는 구혼자로서 맹세했던 전사들에게 전쟁에 참여하라는 소집령을 내렸다. 이에 따라 헬레네의 구혼자로 참여했던 그리스의 전사들이 모두 모이게 되었다. 헬레네에게 구혼자들이 몰려왔을 때 아킬레우스는 그 자리에 있지 않았기 때문에, 전쟁에 참여해야 할 맹세의 빚은 없었다. 그러나 아킬레우스가 참전해야만 전쟁에서 승리를 거둘 수 있다는 신탁 때문에 아가멤논을 비롯한 그리스 전사들은 그를 데려가려고 했다. 하지만 아킬레우스가 트로이아 전쟁에 참전할 경우 죽을 운명임을 알고 있던 테티스는 그에게 여장(女裝)을 시켜 스퀴로스의 왕 뤼코메데스의 궁에서 공주들과 함께 살도록 했다. 하지만

상인으로 변장한 오뒷세우스가 꾀를 써서 아킬레우스를 찾아내 참전하도록 만들었다. 공주들이 모인 가운데 화장품과 보석을 늘어놓은 다음, 그 곁에 멋진 칼 한 자루를 놓자 아킬레우스가 그 칼을 들고 유심히 바라보았고, 오뒷세우스는 그가 곧 아킬레우스임을 알아차린 것이다.

이 사정을 고려하면 전쟁의 근본적인 원인은 파리스의 선택과 헬레네 납치 사건, 헬레네의 결혼 과정에서 맺어진 그리스 왕자들 사이의 맹약, 그리고 그 선택이 일어나게 된 테티스의 결혼식에서 찾을 수 있다. 이로써 **헤라**와 **아테나**는 파리스와 그의 조국 트로이아에 대한 앙심을 품고 전쟁 내내 그리스 사람을 도와준 반면, **아프로디테**는 트로이아 편에 섰다. 그리고 아프로디테의 정부였던 전쟁의 신 **아레스**와 전통적으로 트로이아의 수호신 역할을 한 **아폴론**과 그의 누이 **아르테미스** 역시 트로이아 편에 섰다. 반면 그리스 연합군에는 바다의 신 **포세이돈**과 대장장이 신 **헤파이스토스**가 도움을 주었다. 그 사이에서 최고의 신 **제우스**는 전쟁을 조절해 가며 신들과 인간들을 통제해 나갔다. 그리고 무지개의 신이며 전령의 신인 **이리스**와 **헤르메스**가 제우스의 뜻을 인간들에게 전하고 집행하는 역할을 했다.

파리스가 벌인 사랑의 불장난은 트로이아 연합군과 그

리스 연합군 사이에 전쟁의 불길로 크게 번졌다. 그리스 연합군의 침략에 맞선 트로이아의 왕은 파리스의 아버지 **프리아모스**였다. 트로이아군에도 그리스 전사들에 맞먹는 뛰어난 전사들이 있었는데, **아이네이아스**와 **사르페돈**, 그리고 **헥토르**를 대표적인 인물로 꼽을 수 있다. 헥토르는 프리아모스의 아들이었으며, 헬레네를 데려와 전쟁을 일으키게 만든 파리스의 형이었다. 그의 아내 **안드로마케**와 그의 어머니 **헤카베**는 전쟁의 이야기 틈새에서 헬레네와 함께 중요한 인물로 부각된다. 헥토르는 '트로이아를 지키는 울타리'와 같은 존재였고, 아킬레우스와 맞설 수 있는 트로이아 최고의 전사였다.

그렇다면 트로이아는 어떤 도성이었을까? 지금의 튀르키예 북부 서쪽 해안에 자리 잡고 있던 트로이아는 일찍이 헤라클레스의 침략을 받아 함락된 적이 있었다. 당시 프리아모스는 어린아이였다. 헤라클레스는 나중에 도성을 떠나면서 프리아모스에게 트로이아를 맡겼다. 프리아모스는 탁월한 지도력과 전사로서의 기질을 발휘하여 트로이아 도성을 튼튼하게 재건했고, 도성 주변과 소아시아 연안의 섬들에 대한 지배권을 강화해 나갔다. 그는 헤카베와 결혼하여 헥토르를 낳았고, 그 다음에 파리스 등 여러 명의 아들과 딸을 낳았다.

그 가운데 파리스는 불행한 신탁을 안고 태어난 아들이었다. 헤카베는 꿈에서 자신이 낳은 횃불이 트로이아 도성에 옮겨 붙는 광경을 보았는데, 그 불길한 꿈에 이어 태어난 아이가 바로 파리스였다. 그렇게 파리스는 트로이아를 멸망시킬 운명을 타고난 아이였다. 헤카베는 아이가 태어나자, 그 아이를 이다산에 버렸다. 트로이아 성에 멸망을 가져올 화근을 미리 잘라 내고, 불길한 신탁으로부터 도성을 구하기 위해서였다. 그러나 그 아이는 죽지 않고 (목동들 혹은 곰의) 보호를 받고 살아나 청년으로 장성했다. 파리스는 알렉산드로스라고도 불리는데, 알렉산드로스란 '남자를 보호하는 자' 또는 '보호받는 남자'라는 뜻이다. 아마도 이다산에 버려졌지만 죽지 않고 신들의 보호를 받아 살아났다는 전설에서 붙여진 이름일 것이다.

이다산에 묻혀 지내고 있던 그에게 헤라, 아테나, 아프로디테 등 세 여신이 황금사과를 들고 찾아왔다. 파리스가 아프로디테를 선택하는 순간, 헤카베의 꿈대로 트로이아를 불길 속에 타오르게 하는 운명의 도화선에 불이 붙고 만 것이다.

그리스 연합군의 침략은 9년 동안 지속되었고, 트로이아 전사들은 그리스 연합군의 공격에 치열하게 맞서 싸웠다. 9년 동안 두 진영 사이에는 어떤 일이 있었을지 상상해 보라. 봉화를 피우거나 사람이 직접 말달리거나 걸어 다니는 것이 통신 수단의 전부였던 시절, 그리스 전역을 돌아다니며 군대를 규합하는 데에는 우리가 상상할 수 있는 것보다 많은 시간이 걸렸을 것이다. 게다가 연합군이 결집한 곳은 아울리스였다고 하는데, 그곳에 배들이 모이고, 엄청난 수의 군사들이 배를 타고 떠나기까지는 또 많은 시간이 걸렸을 것이다. 《일리아스》가 시작되는 시점인 전쟁 발발 10년째는 언제를 기점으로 계산된 것인지 사실 불분명하다. 아울리스에 결집한 후에도 그리스인들은 트로이아가 아니라 엉뚱한 곳으로 갔다가 되돌아오며 많은 시간을 허비했다는 이야기도 전해져 온다.

통신 시설은 물론 항해 기술이나 장비도 원시적이었을 기원전 1300-1200년경의 이야기다. 가장 유명한 이야기는 그리스 연합 함대가 아울리스에 집결했을 때, 아가멤논이 아르테미스 여신의 사슴을 사냥하는 바람에 여신의 노여움을 사서 그리스 연합군 함대는 발목을 잡혀 출항조차 하지 못했다는 것이다. 아가멤논은 자신의 딸인 이피게네이아를 여신에게 제물로 바치고서야 출항할 수 있었다. 이 사건을 계기로 아가멤논의 아내 클뤼타임네스트라는 아가멤논에게 앙심을 품기 시작했고, 전쟁이 끝난 뒤 아가멤논이 뮈케네로 돌아왔을 때, 그녀는 정부인 아이기스토스와 짜고 그를 암살했다. 그것은 예전에 제물로 바쳐진 딸에 대한 복수였다.

우여곡절 끝에 그리스 연합군은 트로이아의 해변에 상륙하여 진을 쳤다. 그때부터《일리아스》가 시작되는 시점까지의 기간을 9년이라고 하는 게 적절할 것 같기도 하고, 애초에 출정하기 위하여 아울리스에 집결한 시점부터 계산하는 것이 맞을 것 같기도 하다.

트로이아 해변에 도착한 후 그리스 연합군은 트로이아 도성을 포위하고, 간헐적으로 공격을 시도했다. 처음에 트로이아군은 그리스군의 공격을 적절하게 방어하긴 했으나, 아킬레우스의 무용(武勇) 앞에서 번번이 패배를 거듭했다. 하지만 거듭되는 패전 속에서도 트로이아는 함락되지 않았다. 그러는 동안 그리스인들은 트로이아를 공략하는 틈틈이 소아시아의 섬들과 도시에서 동맹군들과 숱한 전투를 치른 것으로 보인다. 특히 아킬레우스는 미시아 지방에 있는 테베를 공격하여 헥토르의 아내인 안드로마케의 아버지 에에티온과 그녀의 오라비 일곱을 죽인다. 이 전쟁에서 아가멤논은 아폴론의 사제 크뤼세스의 딸 **크뤼세이스**를 명예의 상으로 얻었다(1권 366-369행). 또한 아킬레우스를 중심으로 그리스 군대는 뤼르넷소스와 테베를 공격하고 함락한 후, **브리세이스**를 명예의 상으로 얻

부상당한 파트로클로스를 치료하는 아킬레우스의 모습이 담겨 있는 기원전 500년경의 그림. 두 전사의 전우애와 우정은 물론 동성애의 분위기마저 느껴진다.

었다(2권 688-694행). 이 두 여인을 특별히 기억할 필요가 있다. 《일리아스》가 바로 이 여인들과 얽힌 이야기로 시작되기 때문이다.

마지막으로 꼭 기억해 두어야 할 인물은 아킬레우스가 가장 사랑한 전우 **파트로클로스**다. 미시아에서 전투를 벌일 때, 파트로클로스는 아킬레우스와 짝을 이루어 텔레포스와 전투를 치르던 중 화살에 맞아 부상을 입었는데, 이때 아킬레우스가 파트로클로스를 치료해 주었다. 그는 또한 리르네소스 전투와 스퀴로스섬 원정에도 아킬레우스와 함께 참전하여 전공을 세웠다. 그렇게 9년의 세월이 흘렀다. 전쟁이 시작된 지 10년째 되는 어느 날…

《일리아스》 읽기

《일리아스》에 등장하는 신들

데이모스 공포와 두려움의 신. 아레스와 아프로디테의 아들. 포보스와 형제이며 항상 함께 다닌다.

스카만드로스 트로이아의 남쪽으로 흐르는 강물의 신. 크산토스라고도 한다. 대양의 신 오케아노스와 테튀스의 아들.

아레스 전쟁의 신. 전사들의 가슴에 전의(戰意)와 용기를 불어넣는다. 제우스와 헤라의 아들.

아르테미스 달의 신으로서 사냥과 궁술을 관장하며, 처녀들의 순결과 자연과 동물을 수호한다. 아폴론의 쌍둥이 남매.

아테나 지혜와 전략, 승리의 여신. 제우스가 임신한 메티스 여신을 삼켰던 탓에 제우스의 머리에서 자라나다가 머리를 깨고 완전무장을 한 채로 태어남.

아폴론 태양의 신으로서 궁술, 의술과 역병, 신탁과 예언, 음악을 관장한다. 제우스와 레토의 아들로, 아르테미스 여신의 쌍둥이 남매.

아프로디테 아름다움과 사랑, 매력의 신. 제우스와 디오네의 딸. 크로노스에 의해 거세된 우라노스의 남근이 바다에 빠졌을 때 태어났다는 이야기도 전해진다.

에리스 불화의 여신. 트로이아 전쟁의 원인이다. 펠레우스와 테티스 여신(아킬레우스의 부모)의 결혼식에 황금사과를 던져 신들 사이에 불화를 일으켰고, 그 때문에 트로이아 전쟁이 일어났던 것이다.

이리스 무지개의 여신. 제우스와 헤라의 뜻을 전하는 전령의 역할을 하기도 한다. 바다의 신 타우마스와 엘렉트라(오케아노스의 딸) 사이에서 태어났다.

제우스 신들과 인간들의 최고 지배자. 올륌포스를 근거지로 삼아 활동하며 하늘을 주관한다. 크로노스와 레아의 여섯 자식 중 막내.

테티스 바다의 여신, 네레우스와 도리스의 딸. 아킬레우스의 어머니.

포보스 전율과 패주의 신. 아레스와 아프로디테의 아들. 데이모스와 형제이며 항상 함께 다닌다.

포세이돈 바다의 신. 말[馬]도 주관하며, 땅을 흔들며 지진을 일으키기도 한다. 크로노스와 레아의 여섯 자식 중 다섯째.

하데스 지하의 신, 죽은 자들의 혼백이 머무는 저승 세계의 왕. 크로노스와 레아의 여섯 자식 중 넷째.

헤라 제우스의 아내로서 올륌포스 여신들 중 최고의 권력을 누리며, 결혼과 가정, 권력을 주관한다. 크로노스와 레아의 여섯 자식 중 셋째.

헤르메스 제우스의 뜻을 신과 인간들에게 전하는 전령의 신. 부와 상업, 협상, 여행을 주관하며, 죽은 자의 혼백을 하데스로 인도하는 역할도 한다.

헤파이스토스 대장장이 신. 기술과 제작을 관장한다. 제우스가 혼자서 아테나를 낳자, 헤라 혼자서 헤파이스토스를 낳았다고도 하지만, 헤라와 제우스의 아들로 여겨진다.

제1권

아킬레우스의 진노와 제우스의 뜻

트로이아 전쟁이 실제로 일어났다면 그 시기는 대략 기원전 1300-1200년경이라고 추정된다. 수많은 전사들과 영웅들이 각축을 벌이던 전설의 전쟁, 그 전쟁을 배경으로 삼고 있는 대서사시 《일리아스》의 주제는 무엇일까? 이는 서사시의 시작 부분인 1권 1-5행에서 분명하게 읽을 수 있다.

> 진노를 노래하라, 여신이여, 펠레우스의 아들 아킬레우스의/ 파괴적인 진노를, 이는 수만(數萬)의 고통을 아카이아인들에게 주었고,/ 영웅들의 수많은 굳센 목숨들을 하데스에게로 내던졌으며,/ 그들 자신들을 먹잇감으로 만들고 있었으니, 개들과/ 온갖 새들에게 그리고 제우스의 뜻은 이루어지고 있었다.(1권 1-5행)

그 주제는 바로 진노, 펠레우스의 아들 아킬레우스의 파괴적인 진노다. 시인은 여신에게 아킬레우스의 파괴적인 진노를 노래해 달라고 간청한다. 이때 여신이란 노래와 음악을 관장하는 무사(Mousa) 여신을 가리키는데, 영어식으로 흔히 '뮤즈'라고 부른다. 무사 여신은 모두 아홉인데, 제우스와 기억의 여신 므네모쉬네가 아흐레 동안 같이하여 낳았다고 전해진다. 호메로스는 아홉 여신들 가운데 하나를 부르며《일리아스》를 시작하고 있다. 이때는 트로이아 전쟁이 일어난 지 10년째 되는 해의 어느 날이다.

아가멤논이 이끄는 그리스 군대는 트로이아 도성 가까운 해변에 진지를 구축하고 있었다. 어느 날 아폴론의 사제인 크뤼세스가 아가멤논을 찾아왔다. 자신의 딸 크뤼세이스를 구하기 위해서였다. 예전에 미시아 지방에 있는 휘포플라키에 테베와의 전쟁에서 승리를 거둔 아가멤논이 크뤼세이스를 명예의 상으로 얻은 후 계속 데리고 있었기 때문이었다. "올륌포스 신들의 가호로 트로이아를 함락하고 고향으로 무사히 돌아갈 수 있기를 기원합니다. 아폴론 신을 두려워하시어 많은 몸값을 받으시고 제발 제 딸아이를 돌려주십시오." 이것이 크뤼세스의 요청이었다. 그러나 아가멤논은 매정하게 거절했다. "꺼져라, 다시 눈에 띄면 가만두지 않겠다. 아폴론의 홀도 아무런 소용이 없다. 네 딸은 평생 내 시중을 들 것이다." 아가멤논의 독설과 분노는 그리스인들에게도 뜻밖이었다.

겁을 집어먹고 쓸쓸하게 돌아오던 크뤼세스는 해변을 걸어가다가 분에 못 이겨 아폴론에게 기도를 올렸다. "당신의 사제인 내가 아가멤논에게 모욕을 당했나이다. 내 눈물의 값을 치르게 하소서." 이 기도를 들은 아폴론은 자신의 사제가 모욕을 당한 것은 자신이 모욕을 당한 것이나 다를 바 없다고 생각하며 크게 진노하여 곧바로 올림포스산에서 뛰어내려 왔다. 숱한 화살을 당겨 그리스군의 전 진영에 역병의 재앙을 내렸다. 숱한 사람들이 아폴론의 화살에 맞아 죽어 나갔다.

보다 못한 아킬레우스는 그리스인들이 살 수 있는 길을 찾기 위해 회의를 소집했다. 누가 이 재앙을 일으킨 것인가? 이 재앙을 피하기 위해서는 어떻게 해야 하는가? 이 문제를 풀기 위한 지혜를 모으기 위해서였다.

회의에서 예언자 칼카스는 아킬레우스의 요청에 따라 진상을 밝히면서 문제 해결 방법을 제시했다. "이 재앙은 아가멤논이 고집을 부리며 아폴론의 사제를 모욕하여 그 딸을 돌려주지 않았기 때문입니다. 이제라도 그 소녀를 아버지 곁으로 보내고 아폴론 신에게 헤카톰베(백 마리의 소를 태워 바치는 제사)를 바쳐야 합니다." 이와 같은 예언자의 말에 아가멤논은 당황스러웠고 한편으로는 화가 났다. "못된 예언자 같으니라고. 좋다. 그 계집애를 보내겠다. 하지만 그녀를 대신할 명예의 상을 당장 마련하라. 왕인 내게 명예의 상이 없다는 것은 있을 수 없는 일이다." 아킬레우스도 가만히 있지 않았다. 터무니없는 욕심과 고집이라면서 아가멤논을 질책했다.

아가멤논은 화를 내며, 결국 아킬레우스가 데리고 있던 브리세이스를 지목했다. "크뤼세이스를 돌려주는 대신 그대의 명예의 상 브리세이스를 데려가겠다. 내가 너보다 더 강하고 높다는 것을 보여 주겠다." 이 말은 아킬레우스의 가슴에 분노의 불을 질렀다. 아킬레우스는 칼을 뽑으려고 했다. 이제 아가멤논은 더 이상 그에게 친구도 전우도 동지도 아니었다. 아니 당장 칼로 돌파해 버리고 싶은 끔찍한 적이 되었다. '칼을 뽑아 저놈을 죽여 버리겠다. 내가 모욕을 당하고 있는데도 가만히 보고만 있는 그리스인들도 모두 다 내쫓아 버리겠다!'

그러나 아킬레우스는 꾹 참아야 했다. 하늘에서 헤라 여신이 보낸 아테나 여신이 나타나 그의 머리를 잡아당기며 그에게 참으라고 했기 때문이었다. 지혜의 여신의 힘에 굴복당한 아킬레우스는 칼을 도로 칼집에 꽂아야 했다. 이제 다른 방법은 없었다. 꾹 참고 브리세이스를 빼앗겨야 하나? 브리세이스는 그리스군이 리르네소스를 함락한 후, 아킬레우스에게 준 명예의 상이었다. 그 명예의 상을 빼앗겠다고 아가멤논이 으르렁대고 있는 것이다. 결국 아킬레우스는 명예의 상을 빼앗기고 치욕을 당해야 하나? 아가멤논의 치욕스런 협박에 아킬레우스는 심한 모욕을 느끼며 전투에서 물러나겠다고 선언했고, 아가멤논은 당장 떠나라며 자신만만해했다. 갈 데까지 가보겠다는 그들 사이에 지혜로운 노장 네스토르가 끼어들어 꿀보다도 더 달콤한 말로 중재를 시도했지만 아무런 소용이 없었다. 회의는 험악한 분위기로 끝이 났다.

사태 해결에 나선 아가멤논은 먼저 오뒷세우스를 지휘관으로 내세우고, 선원 스무 명을 뽑아 크뤼세이스를 그녀의 아버지에게 보내고 아폴론 신에게 헤카톰베를 바칠 팀을 구성했다. 그들은 지체 없이 항해를 시작하여 곧 크뤼세이스와 크뤼세스의 도시인 크뤼세에 도착했다. 몸값을 전혀 받지 않고 크뤼세이스를 크뤼세스에게 돌려주었다. 그와 함께 그리스인들은 아폴론 신에게 헤카톰베를 정성껏 올렸다. 크뤼세스는 흡족해하며 아폴론 신에게 재앙을 거두어 달라는 기도를 올렸다. 아폴론도 진노를 누그러뜨리고 이 모든 조치에 기뻐하며 그리스인들의 제사와 크뤼세스의 기도를 받아들여 재앙의 활을 거두었다.

그 다음날 아폴론 신이 보낸 순풍을 타고 오뒷세우스 일행은 다시 그리스 진영으로 돌아왔다. 신에게 존경을 표함으로써 그리스인들은 질병의 재앙에서 벗어나 평화를 되찾았다.

그러나 문제가 완전히 해결된 것은 아니었다. 명실공히 그리스 최고의 전사인 아킬레우스가 빠진다면 승리를 장담할 수 없는 처지였기 때문이다. 그러나 아가멤논은 오뒷세우스를 크뤼세로 보냄과 동시에 탈튀비오스와 에우뤼바테스를 아킬레우스에게 보내어 기어코 브리세이스를 빼앗았다. 아가멤논은 아킬레우스에게 사과를 하기는커녕, 그의 자존심을 철저하게 짓밟았다.

명예의 상을 잃은 분노와 슬픔이 극에 달한 아킬레우스는 잿빛 바다 기슭에서 은빛 발을 가진 어머니 테티스에게 기도를 올렸다. 바다 깊은 곳에서 아들의 울부짖음을 들은 테티스는 아킬레우스에게 나타났다. 슬픔을 억누르며 자초지종을 설명한 후에 아킬레우스는 어머니에게 간절히 도움을 요청했다. "어머니 저를 도와주세요. 아가멤논에게 철저히 모욕을 당하고 명예의 상을 빼앗긴 저의 기도를 들어주세요. 제우스에게 가셔서 간청해 주세요. 트로이아인들에게 승리를 내리시고, 그리스인들에게 패배를 내리시어 아가멤논이 저를 모욕한 것을 후회하도

장 오귀스트 도미니크 앵그르의 1811년 작품 〈제우스와 테티스〉. 아킬레우스의 어머니 테티스가 제우스의 무릎을 잡고 턱을 만지며 아들의 명예 회복을 애원하고 있다.

록 만들어 주세요." 모욕을 견딜 수 없는 아킬레우스의 진노와 함께 명예를 회복하고자 하는 아킬레우스의 소망은 어머니 테티스에게도 사무치게 아픈 것이었다. 짧은 생애를 살지만 불멸의 명성을 얻는 것이 아들의 운명이었는데, 이젠 명예마저 잃어 치욕의 생을 살다 죽어야 할 판이 되었기 때문이다.

그로부터 12일째 되는 날, 제우스와 다른 신들이 아이티오피아에서 돌아왔을 때, 테티스는 아들의 소원을 가슴에 품고 바다 깊숙한 곳에서부터 지극히 높은 올림포스로 올라갔다. 그리고 그녀는 아킬레우스의 모욕을 씻기 위해 그리스인들이 후회할 때까지 트로이아인들에게 승리를 내려 달라고 제우스에게 애원했다. 테티스의 간청을 듣고 여러 가지로 깊이 고심하던 제우스는 마침내 고개를 끄덕여 승낙을 표했다. "그 일이라면 내가 잘 알아서 이루어지도록 하겠다." 거대한 올림포스산은 제우스의 고갯짓에 크게 흔들렸다. 이로써 아킬레우스의 진노는 땅 위에서 벌어진 한갓 인간들 사이의 다툼에서부터 전 우주적인 울림으로 커져 갔다. 제우스의 약조를 받아낸 테티스는 안심하며 올림포스로부터 내려와 바닷속 깊은 곳으로 돌아갔다.

그들만의 밀약처럼 보였지만, 이 모습을 멀리서 헤라가

보고 있었다. 헤라는 뛰어난 예지력으로 제우스와 테티스 사이에 오간 대화의 핵심을 정확하게 짚어 냈다. "당신은 아킬레우스의 명예를 위해 수많은 그리스인들이 함선 옆에서 죽어 가도록 해주겠노라고 테티스에게 약속하신 것은 아닌지요?" 그리스인의 편에 서서 승리를 도모하던 헤라로서는 행여 그리스인들이 패배로 고통을 겪지는 않을까, 괘씸한 트로이아인들이 승리의 기쁨을 누리게 되는 것은 아닐까 여간 걱정되는 것이 아니었다. 그는 황금사과를 두고 아프로디테와 경쟁하던 중 트로이아의 파리스 때문에 모욕을 당한 터였다. 게다가 이미 아가멤논과 아킬레우스 사이에서 벌어진 일도 알고 있었다. 구름을 모으는 신 제우스는 헤라의 간섭이 짜증스러웠다. "당신이 그래 봐야 내 마음에서 멀어질 뿐이오. 내가 그대를 향해 완력을 쓴다면, 올림포스의 다른 신들이 다 덤벼도 당신을 도울 수 없소." 제우스는 헤라를 무섭게 협박했고, 올림포스의 분위기는 찬물을 끼얹은 듯했다. 이때 헤파이스토스가 나섰다. "죽어야만 할 인간들 때문에 두 분이 싸우시는 것은 참으로 유감스러운 일입니다." 그는 절룩거리며 이리저리 발걸음을 옮기면서 제우스와 헤라는 물론 다른 신들에게 넥타르를 따라 주면서 분위기를 바꾸기 위해 노력했다. 곧 신들 사이에 웃음이 일었고, 아폴론이 포르밍크스를 연주하고 무사(Mousa) 여신들이 노래를 불렀다. 마침내 서로 다투던 제우스와 헤라도 아무 일도 없었다는 듯이 화해하며 함께 침실에 들었다.

제2권

그리스 군대와 트로이아 군대의 전열 정비

올림포스 신전에서 벌여진 유쾌한 파티는 끝났다. 모두들 처소로 돌아가 잠을 청했다. 테티스의 부탁을 받고 고심하던 제우스도, 이를 눈치채고 표독스럽던 헤라도 모두 침실로 돌아갔다. 하지만 제우스는 잠을 이룰 수가 없었다. 도대체 어떤 계획을 세워 그리스인들에게 패배를 내리고, 트로이아인들에게 승리를 내리며, 아킬레우스의 실추된 명예를 다시금 드높일 것인가? 무엇보다도 전투가 격렬하게 일어나야 한다. 그래야 트로이아 군대에는 승리를, 그리스 군대에는 패배를 내릴 수 있고, 패배의 고통 속에서 아가멤논은 아킬레우스를 모욕했던 것을, 그래서 전투장에서 이탈하게 만든 것을 후회하며 아킬레우스에게 사과할 수 있을 테니까. 제우스는 아가멤논이 나서도록 해야 했다.

그가 짜낸 계략은 바로 아가멤논에게 꿈을 보내어 거

짓말을 속삭이는 것이었다. 제우스가 보낸 꿈의 신은 아가멤논이 가장 존경하는 네스토르의 모습을 하고 아가멤논의 꿈으로 스며들어 거짓말을 속삭였다. "백성들을 이끌고 돌보며 전투를 해야 할 그대가 잠을 자는 게요? 제우스께서 헤라의 간청에 따라 신들의 회의를 열어 그리스인들에게 최종 승리를 내리기로 하셨소. 지체 없이 그리스인들을 무장시켜 트로이아 도성으로 진격하시오!"

잠에서 깨어난 아가멤논은 거짓 꿈에 속아 달콤한 희망을 한가득 안고 원로들을 회의장에 모았다. 이런 꿈을 꾸었는데 어떻게 할 것인가? 그것이 의제였다. 하지만 꼭 회의가 필요했을까? '네스토르가 꿈에 나타나 제우스의 명령이라며 말했다. 트로이아를 함락하기 위하여 무장하라고. 제우스가 승리를 보장하신단다.' 이렇게 말하고 지휘관들에게 출정 명령을 내리면 그만이었을 텐데. 아가멤논은 그리스인들을 무장시키기 전에 관례에 따라 이들을 시험하겠노라고 한다. "자, 이제 그만 배를 타고 집으로 돌아가자!"라며 그들을 시험하겠다는 것이다. 무장하고 싸울 의사가 있는지 병사들을 시험해 보는 것이 관례란 말인가?

어쨌든 아가멤논의 제안에 일단 네스토르가 찬성하고 나섰다. 아가멤논의 꿈에서 말한 것이 자신이어서 꿈에서

한 말조차 책임을 지려는 양, 그는 그리스인들을 무장시키자고 거들었다. 모든 지휘관들이 네스토르와 아가멤논의 말에 따라 병사들을 무장시키고 한곳에 모이게 했다. 원로들 앞에서와는 달리 아가멤논은 꿈을 꾸었다는 사실을 감추고 병사들에게 외쳤다. 병사들을 떠보고, 출정의 결의를 다지기 위해서였다. 그는 외쳤다. "아무래도 우리는 트로이아를 점령할 수 없는가 보다. 집으로 돌아가는 것이 제우스의 뜻인 듯하다. 우리들은 저들보다 열 배나 많은데도 9년이 흘러 10년째가 되었는데도 트로이아는 끄떡없다. 그러니 짐을 싸서 집으로 돌아가자!" 아가멤논은 병사들을 떠보았다. 아마도 병사들이 아가멤논에게 명령을 거두어 달라고 하면서 전의를 다질 것이라 생각했을까?

하지만 동풍과 남풍이 일어 바다에 큰 물결을 일으키듯이 병사들은 일어섰고, 서풍에 곡식이 휩쓸리듯이 회의장은 술렁였다. 환호성을 올리며 땅에서 뿌옇게 먼지를 일으키며 병사들은 귀향을 서둘렀다. 얼마나 황당한 일인가. 꿈에서 승리의 언질을 받고 고무되어 있던 아가멤논과 지휘관들이 아니었던가. 아마도 병사들은 지휘관들이 가만히 있었다면 배를 띄우고 집으로 돌아갔을 것이다. 하지만 그것은 그들의 운명이 아니었다. 헤라는 아테나를 지상으로 보냈다. 귀향을 서두르는 백성들을 속이 상해 바라보고 있던 오뒷세우스에게 아테나가 찾아갔다. "가만히 있어서 되겠는가? 저들을 저지하라!" 오뒷세우스는 이 말을 듣고 일어나 아가멤논에게서 권위의 홀을 받아 들고는 무리들 사이를 뛰어다녔다. "진짜 가겠다는 거냐? 아가멤논은 그대들을 시험하는 것이다. 귀향을 서두르는 자는 곧 응징을 당할 것이다!" 들뜬 마음으로 귀향을 서두르던 병사들은 오뒷세우스의 강력한 만류에 움찔하며 도로 회의장으로 발길을 돌렸다.

다시 회의장에 모인 병사들. 그들 사이에서 수다스럽게 아무 말이나 지껄여대는, 안짱다리에 한쪽 다리를 절며, 두 어깨가 굽어 가슴이 일그러진 토기처럼 오그라져 있고, 머리털이 군데군데 빠져 숱이 없는 머리가 가슴과 어깨 위로 솟아 있는, 그리스인들 가운데 가장 못생긴 자가 일어섰다. 테르시테스였다. 그가 입을 열었다. "아가멤논 왕이여! 뭐가 모자라 불만이오? 그대는 욕심쟁이요. 그러고도 우리를 고통 속으로 몰아넣으려는 것이오? 우리는 돌아가겠소. 여러분! 우리 모두 돌아갑시다. 아가멤논은 아킬레우스조차 모욕하고 명예의 선물까지 빼앗았소이다." 구구절절 옳은 말 같다. 문제는 내용이 아니라, 감히 테르시테스 따위가 최고사령관을 공개적으로 모독했다는 것이었다.

오뒷세우스는 곧바로 그를 저지했다. "집으로 돌아가자고? 어림없다. 너 따위가 감히 백성들의 목자를 능멸해? 내 너를 가만두지 않겠다." 오뒷세우스는 손에 쥔 홀로 테르시테스의 등과 어깨를 내리쳤다. 병사들은 환호했고, 입을 모아 오뒷세우스를 칭송했다. 오뒷세우스는 입을 열었다. "집으로 돌아가고 싶은 마음은 이해할 수 있다. 하지만 지금 돌아갈 수는 없다. 이렇게 오랫동안 싸웠건만 빈손으로 돌아가는 것은 치욕이다. 제우스께서는 우리에게 약속하셨다. 10년째 되는 해에 승리를 주신다는 전조를 기억하라. 우리들의 명성은 영원할 것이다." 오뒷세우스의 말은 병사들을 감동시켰고 지휘관들을 설득했다. 네스토르의 제안에 따라 그리스인들은 마음을 굳게 하고 무장을 하고 트로이아와 결전을 치를 준비를 했다. 싸우기 전에 서둘러 식사를 하고, 제우스에게 승리를 기원하는 제사를 올렸다.

트로이아의 평원에서 그리스인들이 부족과 씨족별로 나누어 전열을 가다듬자, 청동 무장이 뿜어 대는 광채가 하늘에 닿았다. 거위나 학 또는 백조의 큰 무리가 날개를 활짝 펴고 날아와 초원 위에 내려앉듯, 외양간 주위로 우유 냄새를 맡고 달려드는 시꺼먼 파리 떼처럼, 그리스의 수많은 병사들이 트로이아인들을 돌파하려는 열망을 품고 트로이아 평원으로 몰려들었다. 그 가운데 아가멤논은 제우스와 같은 눈과 머리, 아레스와 같은 허리, 포세이돈과 같은 가슴을 하고 있어서 단연 돋보였다. 도대체 얼마나 많은 병사들이 모였을까? 시인은 소리 높여 외치며 다시 한번 무사 여신을 불렀다.

> 말하라, 지금 내게, 올림포스에 집을 가진 무사들이여!/ 그대들은 여신이며, 두루 존재하며, 모든 것을 알지만/ 우리는 소문만 듣기에 아무것도 알지 못한다./ 누가 다나오스인들의 지휘관이고 대장이었는지를./ 그 수를 난 이야기할 수도, 이름을 입에 올릴 수도 없다./ 설령 내게 열 개의 혀와 열 개의 입이 있다 해도,/ 목소리가 지치지 않고 청동 심장이 내게 있다 해도./ 만약 올림포스의 무사들, 아이기스를 가진 제우스의/ 딸들이 일리오스로 온 이들을 모두 기억나게 해주지 않는다면.(2권 484-492행)

이제 무사 여신에 빙의된 시인은 거침없이 그리스인들의 지휘관들과 그들의 출신 지역, 그리고 그들이 몰고 온 함선 수를 열거하기 시작했다. 우리의 상상력이 그려 놓은 트로이아의 해안 옆에 펼쳐진 널따란 평원 속에 시인의 노래를 따라 병사들이 늘어서며, 해안에는 함선들이 채워졌다. 그리고 그들의 고향이 오버랩되어 그려졌다. 모두들 고향을 떠나 이곳으로 왔고, 전쟁이 끝나면 그곳으로 돌아가리라.

시인의 노래는 267행(2권 494-760행)에 걸쳐 이어지고, 스물아홉 개의 쟁쟁한 그리스 연합군의 부대가 열거되며 44명의 군센 영웅들의 이름이 호명되고 1,186척의 배가 거론된다. 병사들의 수는 대력적으로 계산해도 10만 명이 넘는다. 대규모 병력이 열병한 장면 속에 아킬레우스는 없었다. 아가멤논과 말다툼을 하고 화가 나 전투에서 물러난 그는 해안에서 동료들과 조용히 지내고 있었다. 그 하나쯤 없어도 아무 상관이 없을 만큼 어마어마한 병력이 들판을 가득 메우고 있었다. 그의 존재는 29분의 1로, 44분의 1로, 아니 10만분의 1로 축소된다. 시인이 노래로 불러 주는 병사들과 함선들의 목록 속에 아킬레우스의 존재감은 없다. 그는 50척의 배를 몰고 온 한 명의 지휘관, 10만 명의 전사들 가운데 하나의 점과 같은 존재에 불과했다.

엄청난 규모의 그리스인들이 트로이아 도성을 향해 다가서자 대지가 신음했다. 이 장면을 본 트로이아 지휘관들은 겁먹지 않고 무장을 갖춘 후에 성문을 열고 당당하게 나섰다. 헥토르, 아이네이아스, 판다로스로부터 제우스의 아들 사르페돈에 이르기까지 트로이아 전사들의 이름과 그들의 고향에 대한 묘사가 같은 방식으로 이어진다. 비록 62행으로 짧게 끝나기에 그 수적 규모는 그리스 전사들의 10분의 1에 불과했지만, 그들의 전의와 투지만은 거침이 없다. 그들은 두려움을 떨쳐 버리고 트로이아 도성을 향해 진격해 오는 그리스 군대와 맞서기 위해 트로이아 도성에서 들판을 향해 나갔다. 제우스의 뜻에 따라 엄청난 수와 규모로 양쪽으로 도열하여 맞서고 있는 두 무리의 전사들이 피비린내 나는 전투를 벌이기 직전이었다. 전쟁을 재개하려는 제우스의 계획이 완벽하게 이루어진 장대한 광경이다.

제3권

파리스와 메넬라오스의 대결, 파리스와 헬레네의 사랑

그리스 군대와 트로이아 군대는 전면전을 치를 기세로 서로를 향해 다가서고 있었다. 트로이아인들은 마치 두루미 떼처럼 시끄럽게 소리를 질렀고, 그리스인들은 묵묵히 거리를 좁히고 있었다. 이때 트로이아인들 사이에서 파리스가 전면에 나섰다. 그에 맞서 그리스인들 사이에선 메넬라오스가 선봉에 나섰다. 파리스와 메넬라오스의 일대일 대결이 이루어질 찰나였다. 이 둘은 누구인가? 바로 트로이아 전쟁을 일으킨 당사자들이다. 헬레네를 빼앗긴 메넬라오스와 헬레네를 데려간 파리스. 그들은 헬레네를 걸고 일대일로 싸워 승패를 가리고, 다른 사람들은 서로 우의와 맹약을 맺고 각자 집으로 돌아가자고 했다. 둘의 문제였으니, 둘이서 결판을 내면 전쟁은 말끔하게 매듭지어지는 것 아니겠는가? 넓은 들판에 서로를 파멸시키기를 열망하며 대치한 수많은 군사들의 전열 가운데 마주 선 파리스와 메넬라오스. 그곳에 헬레네가 극적으로 등장했다. 일리오스 성벽 높은 곳에서 두 사람의 결투를 보기 위해서였다. 헬레네를 보고 트로이아인들은 여신처럼 아름다운 여인 때문에 전쟁의 고통을 겪는 것은 나무랄 일이 아니라며 감탄했다. 헬레네는 그렇게 아름다웠다.

프리아모스는 헬레네를 옆자리로 불렀다. 헬레네는 그리스 군대의 전열을 보며, 프리아모스에게 그리스인들의 뛰어난 전사들을 하나씩 소개했다. 대열 속에 우뚝 솟은 아가멤논, 그는 훌륭한 통치자며 강력한 창술의 전사라 했다. 어깨와 가슴이 딱 벌어진 오뒷세우스, 그는 지략에 뛰어난 전략가라 했다. 당당한 모습이 돋보이는 아이아스, 그는 그리스인들을 지키는 든든한 울타리라 했다. 이어 이도메네우스를 소개한다. 그런데 카스토르와 폴뤼데우케스가 보이지 않는다고 했다. 두 사람은 헬레네의 친오라버니였다. 하지만 헬레네는 아킬레우스가 없음을 의식하지 못했다. 최고의 전사 아킬레우스가 없다는 것이 이상했을 법한데, 헬레네는 그가 없음을 전혀 느끼지 못하고 있다. 사실 그가 없어도 될 만큼 그리스 군대의 규모는 대단했고, 그 말고도 전쟁을 거뜬하게 치러낼 전사들은 충분하니, 아킬레우스의 부재가 헬레네의 눈에 띄지 않았을 것이다. 그렇게 호메로스는 아킬레우스의 존재감을 그리스인들의 대규모 병력 속에서 지웠던 것이다.

프리아모스는 양쪽 군대가 대치하고 있는 들판으로 나갔다. 파리스와 메넬라오스의 일대일 대결이 성립함을 공식화하고 제우스를 비롯하여 여러 신들 앞에서 맹약으로 확실하게 하기 위해서였다. 승자가 헬레네를 차지하고 두 군대는 더 이상 피를 흘리지 않고 우의를 맺고 평화롭게 해산하여 전쟁을 매듭짓는 것에 모두 동의했다. 성스러운 맹약의 제사가 끝나자, 프리아모스는 트로이아 도성으로 돌아가고, 이제 남은 것은 파리스와 메넬라오스뿐이었다. 그들 사이에서 헥토르가 제비를 뽑았다. 누가 먼저 공격을 할 것인지 결정하기 위해서였다. 파리스의 제비가 뽑혔다. 모든 군사들은 무장을 정돈하고 각자의 자리에 앉았다. 파리스와 메넬라오스는 무장을 시작했다. 경갑(정강이받이)과 흉갑(가슴받이)을 대고, 청동 칼과 방패를 메고, 투구를 썼다. 그리고 창을 집어 들었다. 두 전사는 양쪽 군대의 가운데로 서로를 향해 다가서다, 멈추었다. 파리스가 먼저 긴 창을 던지자 메넬라오스는 방패로 막아냈다. 이번에는 메넬라오스가 창을 던졌다. 파리스를 향해 날아간 창은 방패와 흉갑을 뚫고 옆구리 옆을 지나 윗옷을 찢었다. 그가 몸을 틀어 피하지 않았다면 목숨을 잃었을지도 모른다. 메넬라오스는 곧 칼을 뽑고 달려들어 파리스의 머리를 강하게 내리쳤다. 하지만 투구에 부딪힌 메넬라오스의 칼은 투구를 뚫지 못하고 산산이 부서졌다. 메넬라오스는 곧바로 파리스의 투구를 잡고 그를 그리스인들 쪽으로 끌고 갔다. 그때 갑자기 투구의 가죽 끈이 툭 끊어졌고 파리스는 간신히 빠져나왔다. 메넬라오스는 투구를 집어던지고는 청동 창을 집어 들고 파리스에게 달려들었다.

그런데 갑자기 짙은 안개가 두 사람이 격전을 벌이는 현장을 덮었다. 그리고 파리스는 자취를 감추었다. 어디로 간 것일까? 메넬라오스는 포악한 야수처럼 무리 사이를 헤집고 다니며 파리스를 찾았지만 발견할 수 없었다. 어디로 숨은 것일까? 트로이아인들 가운데 누가 파리스를 숨겨 주었던 것인가? 하지만 그를 숨겨 줄 트로이아인들은 없었다. 파리스 때문에 트로이아인들과 그 동맹군들이 전쟁의 고통을 겪고 있는데, 이 전투가 끝나면 전쟁도 끝나고 집으로 돌아갈 수 있는데, 무엇 때문에 파리스를 숨겨 주겠는가? 이때 아가멤논이 나섰다. "전투의 승리자는 메넬라오스다. 트로이아인들은 헬레네를 돌려주어라. 그리고 그녀의 보물과 전쟁에 대한 보상금을 지불하라." 그의 말에 그리스인들은 환호했다. 그런데 정말 파리스는 어디로 간 것일까?

메넬라오스(왼쪽)와 파리스(오른쪽)의 대결. 맨 왼쪽에는 아프로디테가, 오른쪽 끝에는 아르테미스가 서서 두 사람의 대결을 지켜보고 있다.(기원전 490-460년으로 추정되는 작품)

메넬라오스가 청동 창으로 파리스를 찌르려는 순간, 안개를 퍼트린 것은 아프로디테였다. 파리스로부터 가장 아름다운 여신의 명예를 얻었던 아프로디테가 파리스를 보호했던 것이다. 사실 파리스가 메넬라오스에게 질질 끌려가고 있을 때, 투구의 가죽 끈을 끊어 준 것도 아프로디테였다. 그녀는 안개를 뿌리고 파리스를 구해 내어 트로이아 성 안 향기로운 침실로 데려갔다.

그리고 탑 위에서 결투를 지켜보고 있던 헬레네에게로 갔다. 헬레네는 양모를 빗질하는 노파의 모습을 한 아프로디테의 정체를 알아보았지만, 파리스 곁으로 가 잠자리 시중을 들 수는 없다며 거부했고, 아프로디테에게 파리스를 보호하고 그의 노예나 아내가 되라며 독설을 퍼부었다. 그러나 끝까지 여신의 힘에 저항할 수는 없었다. 곧 그녀를 따라 몰래 파리스 곁으로 갔다.

파리스를 발견한 헬레네의 마음이 편할 리 없었다. "싸움터에서 돌아오셨나요? 메넬라오스의 손에 죽었어야 하지 않나요? 가서 다시 싸우세요. 당신은 곧 죽게 될 거예요." 그런데 파리스는 헬레네의 말에 아랑곳하지 않고, 같이 사랑을 즐기자고 하면서 이렇게까지 사랑의 욕망, 즉 에로스와 달콤한 욕정이 자신을 사로잡았던 적이 없었다고 고백했다. 수많은 군사들 앞에서 목숨과 명예를 걸고 싸우던 그가 갑자기 여인과 침대에서 사랑을 나누겠다니 어처구니가 없어도 한참 없는 일이었다. 결정적인 전투를 벌이다가, 그것도 패배 직전의 순간에 결투장을 빠져나와 사랑을 즐기겠다고? 미쳐도 단단히 미친 짓이 아닌가? 자신이 저지른 사랑의 불장난 때문에 10년째 전쟁을 치르며 숱한 사람들이 죽어 갔는데, 전쟁을 마무리 지을 수 있는 결정적인 순간에 또다시 사랑의 불장난이라니.

호메로스는 이 황당한 사건을 신비롭게 그리며, 전쟁의 원인을 전면에 부각시키고 있다. 메넬라오스와 파리스의 결투. 헬레네의 등장. 아프로디테의 개입. 파리스와 헬레네의 사랑. 파리스가 없어졌다고 씩씩대는 메넬라오스. 짐짓 전쟁의 종결을 선포하는 격앙된 아가멤논. 일련의 사건들을 엮어 이루어 낸 그로테스크한 구성은 트로이아 전쟁의 전 과정을 생생하게 보여 준다. 그렇게 전쟁이 일어났던 것이다, 이렇게 말하고 있는 듯하다. 그리고 또 하나. 전쟁이 종결될 수 있는 기회가 무산되고 다시 격전이 벌어져 피바다가 될 마당에 사랑을 나누고 있는 파리스의 비정상적인 행동이, 사랑을 계기로 수많은 전사들이 전쟁에 뛰어들었던 행위와 견주어 얼마나 더 미친 짓인지 호메로스는 묻고 있는 것만 같다. 사랑과 전쟁. 이 격렬한 두 욕망의 결합이 그려지고 있다.

어쨌든 메넬라오스와 파리스의 일대일 대결이 신사적으로 마무리되고, 전쟁의 원인이었던 파리스가 죽고, 메넬라오스가 헬레네를 다시 데려가서 그리스인들과 트로이아인들은 10년째 계속되는 전쟁으로 인한 원한의 앙금을 씻어 내고 서로 우의와 맹약을 맺고 각자 귀향하여 전쟁이 끝날 판이었다. 만약 그렇게 되었다면? 그렇게 되어선 곤란한 일이다. 아킬레우스는 아가멤논이 자신을 모욕한 것을 후회하게 만들고 실추된 명예를 회복할 때까지 전쟁터에서 물러나 있겠다며 호언장담했는데, 전쟁이 갑자기 끝나고 모두 집으로 가버리면 어쩌란 말인가. 그의 어머니 테티스는 어쩌고, 테티스에게 아킬레우스의 명예 회복을 약속했던 제우스는 어쩌란 말인가. 전쟁은 계속되어야 했다.

제4권

깨어진 맹약과 재개된 전면전

땅 위에서 황당한 일이 벌어지고 있을 때, 하늘에선 신들의 회의가 열렸다. 제우스는 그리스인들의 승리를 열망하는 헤라와 아테나를 놀렸다. 그들을 제치고 가장 아름다운 여신으로 공인된 아프로디테가 파리스를 구했는데, 헤라와 아테나는 메넬라오스를 돕지 못하고 보고만 있느냐는 것이다. 그리고 물었다. 전쟁을 다시 일으킬 것인가, 아니면 애초 맹약대로 메넬라오스가 승리한 것으로 하여 헬레네를 그에게 되돌려주고 전쟁을 마무리할 것인가?

헤라와 아테나는 화를 내며 이대로 평화롭게 전쟁이 끝날 수는 없다고 했다. 아프로디테에게 아름다움의 명성을 빼앗겼고, 그 원흉이 프리아모스의 아들 파리스였다. 그래서 프리아모스와 그의 자식들, 그리고 그들의 백성들에게 끔찍한 재앙을 주려 이리도 노력했는데, 이대로 전쟁이 평화롭게 끝나는 것은 용납할 수 없는 일이었다. 트로이아인들이 파리스의 패배를 인정하지 않고 맹약을 어겨 전쟁이 다시 일어나도록 하자고 목소리를 높였다. 그것이 두 여신의 결론이었다. 그래야 했다. 전쟁이 다시 불붙어야 헤라와 아테나는 파리스에 대한 앙심을 시원스럽게 풀 수 있다. 한편 제우스도 테티스의 소원대로 그리스인들이 고통을 당하고 아킬레우스를 모욕했던 것을 후회하도록 만드는 반면, 아킬레우스에게는 명예를 회복시켜 주고 길이 남을 불멸의 명성을 줄 수 있었기 때문이다.

제우스는 아테나에게 트로이아인들이 맹약을 어기고 그리스인들을 공격하도록 만들어 보라고 명령을 내렸다. 아테나는 곧장 땅으로 내려가 트로이아의 창잡이 라오도코스의 모습을 하고 명궁 판다로스에게 다가가 활을 쏘아 메넬라오스를 맞추라고 부추겼다. 그 말대로 판다로스는 활을 쏘았다. 아테나는 이번에는 메넬라오스 쪽으로 가서 화살이 그의 목숨을 끊지 못하도록 흉갑의 두툼한 곳, 동판 복대가 있는 곳으로 화살을 인도했다. 목숨은 구했지만, 메넬라오스는 고통스러웠다. 검은 피가 흘러내려 그의 넓적다리와 정강이와 복사뼈를 물들였다.

이 모습을 보고 비탄에 빠진 아가멤논은 탈튀비오스에게 마카온을 데려와 메넬라오스를 돌보게 했다. 마카온은 의술의 신 아스클레피오스의 아들로서 군의관이었다. 이를 신호탄으로 트로이아인들은 앞으로 나갔다. 곧이어 아가멤논은 전사들 사이를 돌아다니며 그리스인들이 전열을 정비하고 맞서 싸울 수 있도록 전의를 북돋아 주었다. "아르고스인들이여, 맹약을 깨뜨린 트로이아인들이 독수리의 밥이 되게 하라, 멍청하게 서 있지 마라! 존경하는 이도메네우스여, 전쟁을 향하여 굳게 일어서라! 두 아이아스여, 그대들에겐 따로 명령하지 않겠다. 자네들 같은 용기가 모든 전사들의 가슴속에 있으면 좋으련만! 백전노장 네스토르여, 당신의 가슴속 기개를 마음껏 펼치지 못하게 하는 노령일랑은 다른 사람이 가져가고 당신은 젊은 이들과 싸울 수 있으면 좋으련만! 메네스테우스여, 오뒷세우스여, 선봉에 서서 불길처럼 일어나는 전투에 맞서시오! 디오메데스여, 그리고 스테넬로스여, 테베에서 카드모스 후예의 지휘관 마이온과 폴뤼폰테스를 죽였던 당신의 아버지 튀데우스보다 그대들이 전투에선 못하단 말이오?"

아가멤논이 바쁘게 이리저리 다니며 격려하고 질책하며 명령하자, 모든 전사들은 의기투합하고 전의를 불태웠다. 그리스인들은 지휘관들을 중심으로 전열을 정비하고 다가오는 트로이아인들에 맞서 말없이, 해안에 부딪히는 파도처럼 나아갔다. 그들의 충돌에는 신들의 힘이 배어

들어갔다. 아레스는 트로이아인들을 격려했고, 아테나와 데이모스(두려움), 포보스(전율)와 에리스(불화)는 그리스인들을 독려했다. 불꽃 튀는 격돌이 시작되었다. 방패들이 부딪혀 굉음을 내었고, 창과 칼이 충돌하며 날카로운 금속성 소음을 일으켰으며, 피가 뿜어져 나와 강처럼 흘렀고, 죽어가는 자의 신음 소리와 죽이는 자의 환호성이 동시에 울려 퍼졌다.

아비규환의 혼전이 계속되는 가운데 그리스의 안틸로코스가 트로이아의 에케폴로스를 쓰러뜨렸다. 그의 시신을 수습하려던 엘레페노르를 아게노르가 쳐서 사지에서 힘을 풀어 버렸다. 텔라몬의 아들 아이아스는 시모에이시오스를 창으로 찔러 포플러나무처럼 쓰러뜨렸다. 트로이아의 전사 안티포스가 레우코스를 창으로 맞혀 쓰러뜨리자, 레우코스의 전우 오뒷세우스는 창을 던져 데모코온을 맞혔다.

격렬한 난전이 벌어지는 가운데 그리스인들이 승기를 잡자, 헥토르와 트로이아의 선두 대열이 밀렸다. 그러자 트로이아인들을 위해 아폴론이 나섰다. 그는 트로이아인들에게 물러서지 말라며 독려했다. 반대편에서는 아테나가 그리스인들을 계속 격려하고 있었다. 트로이아 진영에서 트라키아의 지휘관 페이로스는 돌을 던져 디오레스를 맞혀 쓰러뜨렸고, 창으로 찔러 확인 사살했다. 그러나 트로이아의 페이로스는 토아스의 창에 맞고 칼에 베여 목숨을 잃었다. 대단한 격전이었다. 양쪽 편의 수많은 사람들이 청동에 베이고 찔리며 얼굴을 먼지에 처박고 쓰러져 들판을 덮었다. 그러나 전체적인 전세는 그리스인들 쪽에 유리하게 전개되고 있었다.

제5권

신들마저 압도하는 디오메데스의 활약

전쟁은 영웅을 만든다.《일리아스》 첫 번째 격전에서 가장 빛나는 영웅은 단연 디오메데스였다. 그는 초인적인 힘을 발휘했다. 인간을 넘어서는 지점에 신이 자리하는 법. 디오메데스의 초인적인 힘은 신의 개입과 강림으로 그려졌다. 그는 아테나의 힘을 받아 늦여름의 천랑성(天狼星)처럼 빛을 뿜어냈다. 그가 전차를 타고 달려들며 창을 던지는 페게우스의 가슴에 창을 밀어 넣자, 이다이오스가 겁을 집어먹고는 전차를 버리고 달아났다.

디오메데스의 공격은 그리스 전사들의 계속되는 공격의 신호탄이었다. 아가멤논은 오디오스의 등 한복판에 창을 꽂아 가슴으로 뚫고 나가게 밀어냈고, 이도메네우스는 파이오스의 오른쪽 어깨를 창으로 찔러 전차에서 떨어뜨렸다. 메넬라오스는 스카만드리오스를 날카로운 창으로 등 한복판을 찔러 쓰러뜨렸고, 메리오네스는 페레클로스의 오른쪽 엉덩이를 창으로 찔러 방광을 뚫고 치골 밑으로 창을 밀어내 페레클로스를 쓰러뜨렸다. 메게스는 페다이오스의 얼굴을 창으로 뚫었는데, 창끝은 이 사이를 뚫고 나가 혀뿌리를 잘랐으며, 에우뤼퓔로스는 도망가던 휩세노르의 어깨를 칼로 쳐서 팔을 잘라 죽였다.

이렇게 그리스 전사들이 트로이아 전사들을 쓰러뜨리며 돌파해 나갈 때, 단연 돋보이는 영웅은 튀데우스의 아들 디오메데스였다. 그는 홍수로 불어난 강물이 둑과 과수원의 울타리를 무너뜨리고 밭을 휩쓸듯이 트로이아인들의 밀집 대형을 뚫고 휩쓸며 나아갔다. 그를 저지하기 위해 뤼카온의 아들 판다로스가 활시위를 당겨 흉갑을 뚫었다. 화살에 맞은 디오메데스가 피로 물들어 가며 주춤하자, 스테넬로스가 와서 화살을 뽑아 주었다. 그러나 디오메데스는 물러서지 않았다. 그는 아테나의 힘을 받아 초인처럼 다시 일어섰고, 부상을 입고 화가 치밀어 힘이 넘쳐 나는 사자가 양 떼 안으로 뛰어들어 헤집고 다니듯, 다시 선두 대열로 뛰어들었다. 아스튀노오스, 휘페이론, 아바스와 폴뤼이도스, 크산토스와 토온, 에켐몬과 크로미오스를 창과 칼로 찌르고 쪼개어 목숨을 끊어 버리며 거침없이 돌진했다. 엄청난 힘이었고, 대단한 무공이었다. 도무지 그를 저지할 힘은 트로이아 쪽에 없는 것 같았다.

아이네이아스는 그가 날뛰는 것을 보고 판다로스를 찾아가 다시 한번 화살을 날려 보내라고 말했다. 판다로스는 이미 그를 쏘아 맞혔으나 소용이 없었다고 한탄하며, 어떤 신이 노여워하며 그리스 군대와 디오메데스를 돕고 있음이 분명하다며 낙담했다. 아이네이아스는 그를 격려하고 다시 전차에 올라타게 하여 디오메데스를 향하여 돌진했다. 디오메데스가 사정거리 안에 들어오자, 판다로스는 힘껏 창을 던졌다. 날아오는 창을 디오메데스가 방패로 막았으나, 창은 방패를 뚫고 흉갑에 닿았다. 그러나 치명타가 되지는 못했다.

곧이어 디오메데스가 창을 던져 반격했다. 그가 던진 창은 그의 강력한 수호자인 아테나의 인도를 따라 판다로스의 얼굴을 향해 거침없이 날아가 이를 뚫고 혀를 자르고 턱밑으로 밀고 나왔다. 어둠이 판다로스의 눈을 덮었고, 그가 쓰러지면서 무구(武具)들이 땅에 부딪히며 요란한 소리를 냈다.

이에 아이네이아스는 창과 방패를 들고 전차에서 내려 판다로스의 시신 옆에 섰다. 디오메데스는 두 사람이 들기에도 버거운 돌덩이를 가볍게 들어 아이네이아스의 허리 쪽으로 던졌다. 힘줄이 끊어지고 살갗이 찢기면서 아이네이아스는 쓰러졌다. 절체절명의 순간이었다.

그때 아이네이아스의 어머니 아프로디테가 나타났다. 그녀는 우윳빛 팔로 아들을 안고 옷으로 그를 덮었다. 이미 아테나는 아프로디테가 나타날 것을 예상하고 디오메데스에게 명령을 내렸기에, 디오메데스는 자비심 없이 청동 창을 들고 아프로디테에게 달려들었다. 디오메데스의 힘은 어디까지인가, 인간을 넘어서 신들조차 위협하는 그의 힘은? 그는 인간임에도 불구하고 창으로 아프로디테를 공격하여 손끝을 찔렀다. 아프로디테는 비명을 지르며 아이네이아스를 놓쳤다. 다행히 아폴론이 추락하는 아이네이아스를 받아 검은 구름으로 감싸 주었다. 바람처럼 빠른 이리스가 나타나 부상당한 아프로디테를 데리고 갔다. 그리고 아레스가 내준 병거(兵車)를 타고 올림포스로 돌아났다.

디오네는 부상을 입고 돌아온 자신의 딸 아프로디테를 위로하며 상처를 돌봐 주었다. 헤라와 아테나는 이 모습을 보고 아프로디테를 조롱했고, 제우스는 아프로디테를 달래며 전쟁에 관여하지 말라고 당부했다. 그 옛날 아레스를 죽음 직전까지 몰아넣었던 오토스와 에피알테스처럼, 헤라와 하데스에게 화살을 쏘아 고통스럽게 했던 헤라클레스처럼 강력한 디오메데스는 신에게 맞서 위력을 발휘할 만큼 거세게 전쟁터를 누비며 힘을 뿜어내고 있었다. 마침내 아이네이아스를 돌보고 있던 아폴론에게까지 맞서려고 했다. 그러나 아폴론의 호령에 놀라 멈칫했다.

디오메데스를 물러서게 한 아폴론은 아이네이아스를 전장에서 빼내어 안전한 곳으로 데려다 놓았고, 아이네이아스의 허깨비를 만들어 그리스인들과 트로이아인들이 그를 두고 서로 싸우게 했다. 이때 아레스는 아폴론의 독려를 받고 프리아모스의 아들들을 격려했다. "우리가 헥토르만큼 존중하던 아이네이아스가 쓰러져 있다. 그를 구해 내자!"

이 말에 고무된 사르페돈은 헥토르를 질책했다. 트로이아인들을 돕고 성을 지키기 위해 동맹군들은 치열하게 싸우고 있는데, 헥토르를 비롯한 일리오스의 전사들은 머뭇거리거나 아예 보이지도 않는다는 것이었다. 이 말에 따라 헥토르는 전열을 정비하며 전사들의 힘을 북돋아 주었다. 한편 아레스는 트로이아인들을 돕기 위해 전장 사방으로 어둠을 둘러쳤다. 그 틈을 타 아폴론은 다시 아이네이아스의 가슴속에 용기와 전의를 불어넣었다. 다시 전장으로 돌아온 아이네이아스를 보고 트로이아인들은 기뻐하며 전의를 불태웠다.

한편 디오메데스와 오뒷세우스와 아가멤논은 그리스인들을 격려했다. 아가멤논은 외쳤다. "사나이답게 행동하라. 마음속으로 용기를 내라. 부끄러운 짓을 하지 않도록 하라. 도망치는 자들에겐 명성도 구원도 없을 것이다!" 곧이어 그는 창으로 데이오콘의 아랫배를 찔러 쓰러뜨렸다. 이를 시발점으로 전투는 다시 격렬하게 불붙었다.

다시 일어선 아이네이아스는 크레톤과 오르실로코스를 전나무 넘어뜨리듯 쓰러뜨렸다. 그리스인들 편에서 반격이 이어졌다. 메넬라오스는 창으로 쇄골을 꿰뚫어 필라이메네스를 죽였고, 안틸로코스는 필라이메네스 옆에 있던 뮈돈의 팔꿈치를 돌로 맞혀 쓰러뜨린 후에 번득이는 칼로 관자놀이를 찔렀다.

한편 트로이아 쪽에서는 헥토르의 활약이 돋보이기 시작했다. 그는 아레스의 호위를 받으며 싸우고 있었고, 거침없이 움직이던 디오메데스조차 두려움에 떨게 만들었다. 헥토르를 앞세우고 다가오던 트로이아인들과 물러서던 그리스인들 사이에 다시 밀고 밀리는 혼전이 벌어졌다. 헥토르가 메네스테스와 앙키알로스를 쓰러뜨리자, 텔라몬의 아들 큰 아이아스는 창으로 암피오스의 아랫배를 찔렀다. 트로이아 편에서 싸우는 제우스의 아들 사르페돈은 덤벼드는 헤라클레스의 아들, 그러니까 제우스의 손자인 틀레폴레모스의 목을 창으로 찔렀고, 틀레폴레모스는 사르페돈의 왼쪽 넓적다리를 맞혀 뼈를 스쳤다. 양쪽 군대는 각각 두 사람을 끌어내었다.

이 모습을 본 오뒷세우스는 격분했다. 그는 사르페돈을 포기하고 뤼키아인들에게 달려들어 코이라노스를 비롯해서 알라스토르, 크로미오스, 알칸드로스, 할리오스, 노에몬, 프뤼타니스 등 모두 일곱 명의 트로이아 전사들을 연속해서 땅바닥에 쓰러뜨렸다. 이를 보던 헥토르가 오뒷세우스 쪽으로 돌진했다. 헥토르의 위력은 대단했다. 아레스가 힘이 되어 주었던 까닭이다. 그는 테우트라스를 죽이고 나서 오레스테스, 트레코스, 오이노마오스, 헬레노스, 오레스비오스 등 모두 여섯 명의 그리스 전사들을 처치하며 적진을 돌파해 나갔다.

헥토르와 아레스의 활약을 지켜보던 헤라와 아테나는 그리스인들을 구하기 위해 아레스에 맞서 출전하기로 했다. 헤라는 전차를 준비했고, 아테나는 제우스의 갑옷을 입고 무구를 갖추었다. 둘은 곧바로 전차를 타고 출전했다. 인간들의 전투에 개입한 헤라는 그리스인들을 독려했고, 아테나는 상처를 입고 잠시 물러나 있는 디오메데스를 찾아가 힘을 북돋아 준 다음 함께 전차를 타고 출정했다. 그들은 트로이아인들을 위해 설쳐 대며 그리스인들에게 고통을 주고 있는 아레스를 노리고 달려들었다. 페리파스를 죽이고서 무장을 벗기고 있던 아레스는 달려드는 디오메데스를 보고 그를 맞이할 준비를 했다. 영웅과 신의 일전이 벌어질 찰나였다. 이미 아프로디테에게 상처를 입히고 전쟁터에서 물러나게 만들었던 디오메데스. 그는 아프로디테의 정부로서 트로이아 편에서 싸우고 있는 전쟁의 신 아레스를 조금도 두려워하지 않았다. 하데스의 투구를 쓰고 보이지 않게 자신을 숨긴 아테나가 디오메데스 곁에서 아레스의 공격을 무력화시켰다. 그리고 디오메데스의 창을 인도하여 아레스의 아랫배로 향하게 했다. 디오메데스에게 찔린 아레스는 약 1만 명의 병사가 질러대는 함성과 맞먹을 정도로 고통스럽게 울부짖었다. 구름으로 몸을 둘러싸고 하늘로 올라갔다, 전쟁의 신 아레스가! 디오메데스의 승리는 아테나의 승리라는 아우라가 더해지면서 눈부시게 빛났다. 전쟁의 신 아레스를 압도하는 순간, 디오메데스는 최고의 전사로 찬란한 빛을 뿜어냈다. 올림포스로 도망친 뒤 제우스에게 하소연하다 오히려 혼이 난 아레스는 신들의 의사인 파이안에게 치료를 받았고, 아레스를 제지하는 데에 성공한 헤라와 아테나도 제우스의 궁전으로 돌아왔다.

대단한 디오메데스였다. 그의 힘은 아테나의 활약과 겹치며 그려진다. 신과 같은 영웅 디오메데스. 그는 신들조차 압도하는 강력한 힘으로 인간의 한계를 훌쩍 넘어서는 초인적인 전사이자 영웅으로 그려진다. 부상의 투혼을 견디며 일구어낸 놀라운 승리였다. 디오메데스와 같은 용사가 있다면 그리스 군대가 패배할 리 없다. 그의 활약에 곁들어진 아가멤논, 메넬라오스, 아이아스, 오뒷세우스 등의 활약도 무시 못 할 크기였다. 트로이아군에겐 아이네이아스, 사르페돈, 헥토르가 있었다. 하지만 그들에게 힘을 불어넣어 주던 아레스가 디오메데스에게 힘을 불어넣어 주던 아테나와 헤라에 의해 쫓겨났던 것을 생각한다면, 헥토르보다 한껏 위에서 디오메데스가 빛나며 돋보인다.

이렇게 전쟁이 끝나게 된다면, 디오메데스를 비롯하여 다른 그리스의 전사들이 탁월한 능력을 발휘하며 트로이아를 함락하게 된다면 아킬레우스는 어떻게 되는가? 아킬레우스는 아가멤논의 비웃음거리로 끝나고 마는 것은 아닌가? 지금 이 순간, 디오메데스는 아킬레우스의 자리에 서서 그리스 최고의 전사로서 영원히 지워지지 않을 명성을 한껏 드높이고 있었다.

제6권

수세에 몰린 트로이아인들과 도성으로 들어간 헥토르

그리스인들을 돕던 헤라와 아테나가 올륌포스산으로 다시 올라갔고, 트로이아인들을 돕던 아프로디테와 아레스도 부상을 입고 올륌포스로 물러났다. 트로이아 편의 아폴론도 아이네이아스를 도운 후 페르가모스로 올라갔다. 신들이 모두 빠져나간 전쟁터에는 인간들의 격렬한 혼전이 벌어졌다. 그리스인들의 울타리인 텔라몬의 아들 큰 아이아스가 창으로 아카마스의 이마를 뚫어 죽였고, 디오메데스는 악쉴로스와 칼레시오스를 함께 죽였다. 에우뤼알로스는 아이세포스와 페다소스를, 폴뤼포이테스는 아스튀알로스를, 오뒷세우스는 피뒤테스를, 테우크로스는 아레타온을, 안틸로코스는 아블레로스를, 아가멤논은 엘라토스를, 메넬라오스는 아드라스토스를 죽였다.

그런데 아드라스토스는 죽기 전에 메넬라오스와 협상을 시도했다. 살려 준다면 헤아릴 수 없이 많은 몸값을 자신의 아버지가 제공할 것이라며 목숨을 애걸했다. 메넬라오스는 잠시 흔들렸다. 그러나 아가멤논은 비난했다. "어찌하여 저자를 걱정하는가? 트로이아의 모든 것을 흔적도 없이 사라지게 하리라!" 친구에게는 좋은 것을, 그러나 적에게는 철저히, 뼛속 깊이 아픔을 주는 것, 그것이 바로 정의(正義)였으며, 전사와 영웅의 도리요 철칙이었기 때문이다. 적에게 무자비할수록 더욱 철저히 영웅이 되는 것이 전쟁터의 원칙이었다. 결국 아드라스토스는 동정의 여지 없이 죽임을 당했다. 호메로스의 서술에서는 죽이는 자는 모두 그리스의 전사들이며, 쓰러지는 것은 모두 트로이아인들이었다. 그리스인들의 일방적인 공세로 수세에 몰린 트로이아인들의 모습을 보여 주는 대목이다.

그러자 새를 보고 점을 치는 트로이아의 예언자 헬레노스가 헥토르와 아이네이아스를 불렀다. 헬레노스는 프리아모스의 아들, 즉 헥토르의 형제였다. 그는 아이네이아스와 헥토르에게 트로이아인들을 격려하고 사기를 북돋으라고 명령했다. 그리고 특별히 헥토르에게 일리오스 성내로 들어가서, 어머니를 불러 디오메데스를 물리칠 수 있게 해 달라고 아테나 여신에게 기도를 올리도록 부탁할 것을 명했다. 이에 따라 헥토르는 트로이아인들을 격려한 후에 곧바로 일리오스 도성으로 달려갔다.

한편 디오메데스를 제압하기 위해 트로이아 쪽에서는 글라우코스가 맞섰다. 다가오는 글라우코스에게 디오메데스는 싸우기 직전에 갑자기 가문에 대해 물었다. 혹시나 하늘에서 내려온 신일까 봐 두려워서였다면서. 이미 두 차례나 신과 싸웠던 디오메데스가 아니던가. 글라우코스는 디오메데스에게 자신의 가문을 알려주었다. 영원히 돌을 산꼭대기로 밀어 올리는 형벌을 받았다는 시쉬포스는 아이올로스의 아들이었고, 글라우코스의 아버지였다. 이 글라우코스는 지금 디오메데스와 대결을 앞두고 있는 글라우코스가 아니다. 글라우코스는 벨레로폰테스를 낳았고, 벨레로폰테스는 힙폴로코스와 두 아들을 낳았는데, 힙폴로코스가 바로 지금 디오메데스와 일대일 대결을 벌이려고 하는 글라우코스의 아버지였다.

이 말을 들은 디오메데스는 자기 할아버지인 오이네우스가 글라우코스의 할아버지인 벨레로폰테스와 친구였다고 말하며, 결국 서로 친구이니 싸우지 말고 무구를 선물로 교환하자고 제안했다. 글라우코스는 이 제안을 받아들이면서 황소 일백 마리 값이 나가는 황금 무구를 주고, 디오메데스로부터 황소 아홉 마리 값어치의 청동 무구를 받았다. 값이 너무 차이가 나는 교환이었다. 적으로 만난 두 전사가 친구가 되어 헤어지는 해괴한 장면이 연출된 셈인데, 이 해괴함 속에도 친구끼리는 결코 해를 끼칠 수 없다는 원리가 작동하고 있었다.

성으로 간 헥토르는 어머니 헤카베에게 원로들의 부인들을 모아 옷을 단정히 하고 아테나 여신에게 서약의 예를 올리라 부탁했다. 신들마저 굴복시키며 트로이아인들을 살육하고 있는 튀데우스의 아들 디오메데스를 물리쳐 주기를 기원하기 위해서였다. 헤카베는 헥토르의 부탁에 따라 지체 없이 아테나 여신에게 서약의 기원을 올렸다. 물론 아테나는 그리스인들의 편에 있었기 때문에 그녀들의 기원은 부질없는 일이었다.

어머니를 만난 뒤 헥토르는 곧바로 알렉산드로스(파리스)의 집으로 갔다. 메넬라오스와의 일대일 결투에서 패배하고 자취를 감췄던 파리스 때문에 트로이아인들은 전쟁을 완결 짓지 못하고 전투를 계속하며 고통받고 있는데, 그 파리스가 헬레네와 함께 있었던 것이다. 그 광경을 목격한 헥토르는 분노에 휩싸여 호되게 꾸짖었다. "너 때문에 이 도성 주변이 전쟁과 함성과 죽음으로 뒤덮여 있는데, 뭐 하는 짓이냐! 당장 일어서라, 도성이 불길에 휩싸이기 전에!" 이 말에 파리스는 나가 싸우겠노라 대답했고, 곁에 있던 헬레네는 헥토르에게 자신들의 운명을 한탄했다.

곧이어 헥토르는 자기 집으로 갔지만, 그곳에 그의 아

니 안드로마케는 없었다. 그녀는 트로이아인들이 불리하다는 소식을 듣고 남편에 대한 걱정에 사로잡혀 미친 듯이 성탑 위로 올라간 터였다.

헥토르가 들판으로 나가려는 순간, 안드로마케가 그를 향해 달려왔다. 그리고 시녀는 헥토르의 아들 아스튀아낙스를 데리고 따라왔다. 안드로마케의 아버지는 아킬레우스에게 죽임을 당했는데, 헥토르마저 전쟁터에 나가 전사하고 도시가 함락된다면, 자신과 아스튀아낙스는 얼마나 많은 고통과 모욕을 당해야 한단 말인가! 그러니 아들을 고아로, 자신을 과부로 만들지 말고 탑 위에 머물러 달라고 안드로마케는 애원했다.

헥토르는 가슴이 찢어지는 것 같았다. 전사로서의 명예와 군왕인 아버지의 명예를 지켜야 하는 그로서는 트로이아의 다른 전사들 앞에서 비겁한 모습을 보일 수는 없는 일이었다. "그 누구보다도 당신이 자유의 날을 잃고 끌려가 당하게 될 고통만큼 내 마음을 아프게 하는 일은 없소!" 헥토르는 아무것도 모른 채 울음을 터뜨리는 아들을 안고 제우스에게 가호를 부탁하는 기도를 올린 뒤 아들을 다시 아내의 품에 안겨 주었다. 아이를 안고 눈물을 글썽이는 아내를 보면서 헥토르는 마음을 다잡았다. 그는 더 이상 약한 모습을 보이지 않았다.

돌아서는 그의 뒤에서 아이를 안은 채 안드로마케는 흐르는 눈물을 그칠 수 없었다. 살아서 집으로 돌아올 것 같지 않은 헥토르를 생각하며 시녀들과 함께 통곡했다. 죽음이 도사리는 전쟁터를 향해 결연히 떠나는 남자와 그를 떠나보내며 눈물 흘리며 통곡하는 여인의 모습. 이것은 헥토르와 안드로마케의 모습만은 아니었을 것이다. 전쟁을 치르기 위해 트로이아로 온 모든 전사들의 모습이기도 했다. 전쟁터로 온 모든 전사들은 아내와 자식, 혹 친구와 누이와 동생과 부모와 함께했던 이와 같은 이별의 장면을 기억 안에 품고 있었을 것이다. 모든 전사들은 그리운 사람을 적어도 한 명씩은 가슴에 안고 죽음의 위험에도 불구하고 목숨을 걸고 전쟁터에서 고통스럽게 싸우고 있었다. 호메로스는 헥토르와 안드로마케의 이별 장면을 전쟁의 한가운데 끼워 넣어 전쟁에 참여한 모든 전사들의 사연을 보여 준다.

하지만 모든 전사들은 그 애틋함을 가슴 깊이 묻어 두고 강하게 서 있어야만 했다. 언제 죽음이 창날을 따라 가슴을 뚫고 지나갈지 모르는 전쟁터에서 감상과 추억은 접어 두어야만 했다. 곧이어 아내를 떠나 출정하려는 헥토르는 무장하고 나오는 파리스를 만나 그를 격려해 주었다. 둘은 이제 죽음이 음산한 입김을 내뿜고 있는 전쟁터로 뛰어들어 갈 참이었다.

제7권

헥토르와 아이아스의 일대일 대결과 시신 수습을 위한 휴전

헥토르와 파리스의 복귀는 열세에 놓여 있던 트로이아인들에게 배를 앞으로 나아가게 하는 순풍과도 같았다. 파리스는 전쟁터에 뛰어들자마자 메네스티오스를 죽였고, 헥토르는 에이오네우스의 목을 쳤으며, 글라우코스는 이피노오스의 어깨를 절단 냈다. 트로이아인들이 전세를 역전시켜 밀고 나가려는 참이었다. 이를 지켜보던 아테나가 트로이아로 내려가자 아폴론도 두고만 볼 수 없다는 듯 그녀를 향해 달려갔다. 그는 아테나에게 당일 전투를 중지할 것을 제안했고 아테나도 동의했다. 그들은 헥토르와 아이아스가 일대일 대결을 벌여 전투를 종결하는 것에 합의했다. 메넬라오스와 파리스의 일대일 대결로 시작해 밀고 밀리는 접전으로 치닫던 이날 전투를 헥토르와 아이아스의 대결로 마무리 지으려는 것이었다.

신들의 마음을 알아차린 트로이아의 예언자 헬레노스

는 헥토르에게 일대일 대결을 하는 것이 신들의 뜻이라고 전해 주었다. 헥토르가 전장의 한가운데로 나가 트로이아군의 전열을 제지하자, 아가멤논은 그리스군의 전열을 제지했다. 전투가 중단된 사이, 헥토르가 전쟁을 끝낼 일대일 대결을 다시 제안했다. 그리스인들이 주저하자 메넬라오스가 싸우겠다고 나섰다. 그러나 아가멤논은 그를 저지했다. 메넬라오스가 아직 부상에서 완전히 회복한 상태가 아니었기 때문이었다.

이때 네스토르가 나서서 자신이 젊은 시절에 에레우탈리온과 맞서 싸워 이겼던 이야기를 하며, 그리스 전사들을 독려하자, 곧 최고사령관 아가멤논, 최고의 활약을 보였던 디오메데스, 강력한 전사 두 아이아스, 이도메네우스와 그의 전우 메리오네스, 에우뤼필로스와 토아스, 그리고 지략이 뛰어난 오뒷세우스 등 아홉 명의 전사들이 나섰다. 아킬레우스조차 맞서기를 두려워한 헥토르와 일대일 대결을 하겠다고 나선 전사들의 이름은 쟁쟁했다. 아킬레우스 없이 치러지는 전투에서 그리스인들은 전혀 밀리지 않았으며, 헥토르에 맞설 전사들조차 충분한 상태였다. 아킬레우스의 부재는 하나도 문제가 되지 않았다. 마침내 헥토르를 상대할 전사로 뽑힌 텔라몬의 아들 큰 아이아스는 청동으로 무장하고 긴 창을 휘두르며 헥토르

앞으로 나아갔다. 그는 말했다.

> 헥토르, 이제 분명히 알게 될 것이다, 일대일로 싸워 보면/ 대체 어떤 용사들이 다나오스인들 사이에 함께 있는지를,/ 아킬레우스, 대열을 돌파하며 기백이 사자 같은 그의 다음에도./ 그러나 그는 지금 바다를 가르며 활처럼 양 끝이 흰 함선들 사이에/ 누워 있다. 백성들의 목자 아가멤논에게 진노를 품고./ 그러나 우리도 그대와 맞설 수 있는 강력한 용사들이다,/ 그것도 여럿이나. 어쨌든 시작해 보라, 전투든 전쟁이든.(7권 226-232행)

헥토르가 먼저 창을 힘껏 던졌다. 그러나 아이아스가 방패로 막았고, 헥토르의 창은 아이아스의 방패를 뚫고 나아가지 못했다. 반격에 나선 아이아스가 던진 창은 헥토르의 방패를 관통해 흉갑을 뚫고 들어갔으나, 헥토르는 죽음의 위험을 피할 수 있었다. 둘은 다시 창을 뽑아 들고 사자 혹은 멧돼지들처럼 서로를 향해 맹렬하게 달려들었다. 헥토르가 창으로 아이아스의 방패를 찔렀으나 이번에도 방패를 뚫지 못했고 창은 구부러졌다. 하지만 아이아스가 던진 창은 방패를 뚫고 헥토르의 목을 스쳤다. 검은 피가 솟구쳐 올랐지만 헥토르는 조금도 물러서지 않고 날카로운 돌을 집어 들어 던졌다. 아이아스는 방패로 날아오는 돌을 막아 내고는 훨씬 큰 돌을 집어 들고 빙빙 돌리다가 헥토르에게 던졌다. 헥토르는 재빨리 방패를 들이댔다. 하지만 방패는 찢어졌고 돌이 헥토르의 무릎을 치자 그는 뒤로 나자빠졌다. 곧이어 둘은 칼을 들고 서로를 향하여 덤벼들었다. 결정적인 순간, 최후의 승리자는 누가 될 것인가?

이때 갑자기 약속이라도 한 듯, 트로이아인들 쪽에서는 이다이오스가, 그리스인들 쪽에서는 탈튀비오스가 뛰어나왔다. 그들은 전령들이었다. 아이아스와 헥토르 둘 다 뛰어난 전사임이 드러났고 벌써 밤이 되었으니, 이제 싸움을 그만두라고 전령들이 외쳤다. 이렇게 숨 가빴던 일대일 대결이 마무리되자, 헥토르는 은빛 못이 박힌 칼과 칼집, 가죽끈을 아이아스에게 주었고, 아이아스는 헥토르에게 찬란한 자줏빛 혁대를 주었다. 선물을 교환하며 친구가 되어 헤어진 두 사람. 여한 없이 싸우고 서로의 힘에 감탄하고, 서로를 존중하며 각자의 진영으로 돌아간 그들에게 전쟁은 힘과 용기를 뽐내는 한판의 게임 같은 것이었을까? 메넬라오스와 파리스의 대결로 시작된 이날 전투는 헥토르와 아이아스의 대결이 중단되면서 마무리되었지만, 애초의 맹약처럼 전쟁은 끝나지 않았다. 이날 전투 장면은 9년간 지속되었던 전쟁의 전체 양상을 한눈에 보여 준 것이었을까?

어쨌든 트로이아인들은 헥토르가 무사히 돌아온 것에 기뻐했고, 그리스인들은 아이아스가 힘으로 헥토르를 압도한 것에 환호했다. 아가멤논은 아이아스를 위해 황소를 잡아 제우스에게 제사를 올리고 성대한 만찬을 베풀었다. 네스토르는 전사자들의 시신을 거두어 화장을 하고, 무덤을 만들고, 탑을 세우는 등 전열을 정비하자고 제안했고, 그리스인들은 이 제안에 찬성했다.

한편 트로이아 도성에서는 회의가 열렸다. 안테노르가 나서서 헬레네를 돌려주고 전쟁을 마무리 짓자고 제안했다. 맹약을 어기고 싸우는 것은 명분도 실리도 없다는 주장이었다. 파리스가 메넬라오스와 싸우며 했던 맹약과 파리스의 엄연한 패배를 염두에 둔 제안이었다. 그러자 곧바로 파리스가 일어나 아르고스에서 가져온 재물을 모두 돌려주고 거기에 자기 재산까지 더해 줄 수는 있어도, 헬레네를 돌려줄 수는 없다고 강하게 버텼다. 그에 이어 프리아모스가 일어나, 파리스의 제안을 그리스인들에게 전하는 한편, 전쟁을 잠시 중단하고 시신들을 화장할 시간을 갖자는 협상 카드를 제시하자고 했다.

날이 밝자 트로이아의 전령 이다이오스는 프리아모스

의 협상 카드를 들고 그리스인들의 진영으로 갔다. 디오메데스는 파리스의 재물을 받고 전쟁을 그만둘 수는 없으며, 헬레네도 받지 않겠고 트로이아를 전멸시키겠노라고 으르렁댔다. 아가멤논도 디오메데스와 뜻을 같이했지만, 시신을 화장하기 위해 전투를 일시 중단하자는 프리아모스의 제안에 대해선 동의했다. 그리스인들이 프리아모스의 제안을 일부 받아들이자 서로의 합의에 따라 시신을 수습하기 시작했고, 비통한 마음으로 죽은 자들의 시신을 모아 태웠다.

그리스인들은 네스토르의 제안에 따라 밤늦게까지 무덤을 만들고 방벽과 높은 탑을 세워 함선들과 함께 방어선을 구축했다. 그들은 탑 내부에 여러 개의 문을 달고, 전차가 다닐 수 있는 길도 만들었으며, 방벽 바깥으로는 호를 넓고 깊게 파고 그 안에 말뚝을 박았다. 이를 보고 포세이돈이 기분 나빠하며 걱정하자, 제우스는 지금 당장은 그대로 놔두고 나중에 부숴 버리라고 말했다. 신들이 걱정까지 하며 바라볼 정도로 그리스인들의 토목공사는 대단했다.

공사를 마친 그리스인들은 저녁을 먹으며 밤새도록 잔치를 벌였다. 그런데 갑자기 제우스가 천둥을 울리자 모두들 두려움에 사로잡혀 잠자리에 들었다. 힘겨운 전투,

시신의 화장, 전투에 대비한 토목공사, 그리고 힘을 북돋우려는 만찬과 술잔치. 인간들 사이에는 전쟁의 고통, 죽음에 대한 두려움과 숙연함, 흥겨움이 역설적으로 얽히고설켜 있었는데, 제우스는 마지막 순간에 천둥을 울리며 인간들을 두려움에 빠뜨리고 있었다. 새로운 날은 무엇으로 시작될 것이며, 무엇을 위해 제우스는 그렇게 무시무시한 천둥을 울렸던 것일까?

제8권

전쟁을 독점하는 제우스와 헥토르의 활약

새로운 날이 밝자 제우스가 신들의 회의를 소집하고 모든 신들에게 트로이아인들과 그리스인들의 전투에 누구도 개입하지 말라고 엄포를 놓았다. 곧이어 그는 수레를 몰아 이데산 정상으로 갔다. 땅 위에서는 그리스인들이 출정 준비를 했고, 트로이아인들도 무장을 마치고 성문을 나섰다. 또다시 전투가 시작되었고 오전 내내 그들은 격렬한 전투를 벌였다.

해가 중천에 걸리자 제우스가 황금 저울을 들었다. 트로이아인들의 저울이 올라가자, 제우스는 그리스인들의 진영으로 불타는 섬광을 내던졌다. 이때 파리스는 활을 쏘아 네스토르의 병거를 끄는 말의 정수리를 맞혔고, 네스토르가 주춤하는 사이 헥토르가 그에게 달려들었다. 백전노장 네스토르는 이렇게 최후를 맞을 것인가? 절체절명의 위기에서 디오메데스가 달려가 네스토르를 구하고,

헥토르와 맞섰다. 디오메데스는 헥토르 옆에서 전차를 몰던 에니오페우스의 가슴을 창으로 찔러 죽였다. 디오메데스의 맹렬한 활약이 다시 돋보이는 순간이었다.

그러나 이때 제우스는 천둥을 치며 번개를 날려 디오메데스를 저지시켰다. 디오메데스 옆에 있던 네스토르는 고삐를 떨어뜨렸다. 불리한 상황임을 깨달은 네스토르는 물러나지 않으려는 디오메데스를 설득하여 후퇴하기 시작했고, 헥토르는 달아나는 디오메데스를 비웃었다.

제우스는 이데산 위에서 다시 천둥을 쳤고, 이에 힘입어 헥토르는 승리를 장담하며 트로이아인들을 독려하면서 그리스인들의 함선으로 오르자고 외쳤다. 이런 헥토르의 모습에 화가 난 헤라는 올림포스를 흔들어 대며 포세이돈에게 함께 트로이아인들을 몰아내고 그리스인들의 승리를 도모하자고 청했다. 그러나 포세이돈은 거절했다. 헤라와 포세이돈도 어쩔 수 없는 힘을 과시하며 제우스가 헥토르를 도와주고 있었기 때문이다. 이제 제우스가 영광을 내린 헥토르를 막을 수 있는 힘은 그리스인들에겐 없었다.

하지만 헤라는 꿋꿋이 아가멤논을 격려했다. 그러자 아가멤논은 함선들 중앙에 자리 잡은 오뒷세우스의 함선에서 그리스인들에게 일어나 당당하게 싸울 것을 당부하는 한편, 제우스에게 구원을 요청하는 기도를 올렸다. 트로이아의 승리를 도모하던 제우스였지만 오뒷세우스에게만은 동정과 연민의 감정을 느끼고 독수리를 보내 구원의 전조를 그리스인들에게 보여 주었다.

헥토르에 밀리던 그리스인들의 반격이 시작되었다. 달아나던 튀데우스의 아들 디오메데스는 돌아서서 가장 먼저 호(湖)를 건너가 트로이아인들과 싸웠다. 그는 아겔라오스의 등을 창으로 찔러 앞가슴 쪽으로 나오게 밀어내었다. 이어서 아가멤논과 메넬라오스, 두 아이아스, 이도메네우스와 그의 전우 메리오네스, 에우뤼퓔로스, 테우크로스가 나가 트로이아인들과 맞섰다. 테우크로스는 마치 어린아이가 어머니에게 달라붙듯이 아이아스에게 달라붙어 그의 방패 뒤에 숨어서 화살을 쏘았는데, 오르실로코스, 오르메노스, 오펠레스테스, 다이토르, 크로미오스, 뤼코폰테스, 아모파온과 멜라닙포스가 테우크로스의 화살에 차례로 쓰러졌다. 그러나 그리스인들의 반격은 거기까지였다. 테우크로스가 헥토르를 맞추려고 다시 시위를 당겼으나, 빗나간 화살은 헥토르 대신 그의 이복동생 고르귀티온을 맞혔다. 테우크로스는 다시 헥토르를 겨냥했지만, 이번에는 헥토르 옆에서 전차를 몰던 아르케프톨레모스의 가슴을 맞혔다. 그러자 헥토르는 돌을 들어 테우크로스에게 달려들었고, 테우크로스는 다시 활시위를 당겼다. 누가 더 빨랐을까? 헥토르였다. 그는 돌을 던져 테우크로스의 쇄골이 목과 가슴을 가르는 부분의 급소를 내리쳤다. 힘을 잃은 테우크로스는 활을 떨어뜨렸다. 죽음의 순간 아이아스가 방패를 들고 달려들어 간신히 그를 구해냈다.

이제 헥토르의 시간이었다. 그는 그리스군의 명사수 테우크로스를 물러나게 만든 후에 선두 대열에 서서 트로이아인들을 이끌고 그리스인들을 몰아붙이기 시작했다. 후퇴하는 그리스인들 가운데 뒤에 처진 자들을 계속해서 죽여 나갔다. 헥토르의 위용은 달아나는 멧돼지의 엉덩이를 물어 대는 사나운 사냥개 같았다. 그의 눈빛은 쳐다보는 사람들을 마비시키는 고르곤, 아니면 사람을 죽게 하는 아레스의 눈처럼 이글거렸다.

그리스인들이 헥토르에게 도륙당하자 올륌포스산에서 지켜보던 헤라와 아테나는 안타까워 미칠 것만 같았다. 예전처럼 직접 출정하기 위해 헤라는 마차를 준비했고, 아테나는 무구들로 무장했다. 그러나 이번에는 사정이 달랐다. 어떤 신도 전쟁에 개입하지 말라고 제우스가 엄포를 놓았기 때문이었다.

두 여신이 출정하려는 것을 보고 제우스는 노여워하며

황금 날개를 가진 이리스를 보냈다. 참전한다면 가만두지 않겠다는 협박이다. 이리스의 전갈에 헤라와 아테나는 결국 물러서고 말았다. 곧이어 이데산에서 올림포스산으로 돌아온 제우스는 두 여신을 나무라고 앞으로 일어나게 될 일을 말해 주며 나서지 말라고 엄하게 당부했다. 이튿날 헥토르는 더욱 거세게 그리스인들을 몰아붙일 것이고, 파트로클로스가 나와 싸우다 죽게 될 것이며, 그의 시신을 둘러싸고 양쪽 군대가 격렬하게 싸울 것이라는 말이었다. 그러면 아킬레우스가 마침내 전쟁터에 나오게 되는 것일까? 아킬레우스가 전쟁터로 나오기 위해서는 그가 가장 아끼는 파트로클로스가 죽어야 한다는 말인가? 실로 비극적인 역설이었다.

태양이 세상의 끝에 흐르는 오케아노스로 잠기면서 대지 위로 어둠이 덮였다. 트로이아인들은 아쉬워했지만, 그리스인들은 반가웠다. 헥토르는 트로이아인들을 모아놓고 아쉬움을 토로하면서 저녁을 든든히 먹어 둘 것과 그리스인들의 동태를 잘 감시하고, 트로이아를 기습하지 못하도록 파수를 단단히 할 것 등을 꼼꼼하게 지시했다. 그리고 이튿날의 전투에 대한 굳은 결의를 보였다. 헥토르에게 지금 이 순간 최대의 적은 디오메데스였다. 그만큼 디오메데스는 아킬레우스가 없는 동안 그의 자리를 대

《일리아스》 제8권 245-253행의 내용을 담고 있는 필사본
(codex F205, Milan, Biblioteca Ambrosiana)

신해서 우뚝 서 있던 그리스 최고의 전사였다.

> 날이 새면 아침 일찍 무구들로 무장하고/ 안이 넓은 함선들 곁에서 날카로운 아레스를 일으켜 보자./ 알게 되겠지, 나를 튀데우스의 아들 힘센 디오메데스가/ 함선에서 성벽 쪽으로 몰아낼지, 아니면 내가 그를/ 청동 창으로 제압하고 피범벅 된 전리품을 가져갈지./ 내일이면 그가 탁월함을 보여 주겠지, 과연 내 창의/ 공격을 견뎌 낼지. 그러나 내 생각엔 맨 앞줄에서/ 창에 찔려 쓰러질 것이다, 그 주위의 수많은 전우들도/ 해가 뜨는 내일 아침에. 진정 만일 내가, 말하자면/ 죽지도 늙지도 않고 모든 나날을 보내며,/ 아테나와 아폴론처럼 존경받을 수 있다면/ 지금 이날이 아르고스인들에게 재앙을 가져다주리라.(8권 530-541행)

트로이아인들은 환호했다. 헥토르의 지시에 따라 그들은 저녁을 준비하고 신들에게 제사를 올린 뒤, 화톳불을 피워 놓고 날이 밝기를 기다렸다. 트로이아 도성 앞쪽으로는 크산토스(스카만드로스)강이 흐르고, 그 강 건너로 넓은 들판이 있고, 그 넓은 들판의 끄트머리는 바다에 잇닿아 있었다. 헥토르를 중심으로 트로이아인들은 도성으로 들어가지 않고 크산토스강과 그리스인들의 함선 사이에 불을 피워 놓고 날이 새기만을 기다리고 있었다. 전투를 기다리는 그들의 모습은 무척이나 위협적이었다.

제9권

아가멤논의 사과와 아킬레우스의 거절

트로이아인들은 일리오스 도성으로 돌아가지 않고, 그리스인들이 방어선으로 구축한 방벽과 호의 바깥쪽에 포진한 채 날이 새기만을 기다리고 있었다. 그리스인들의 마음은 공포심과 달아나고 싶은 심정으로 가득 차 흔들렸고, 지휘관들은 특별한 대책을 찾지 못한 채 답답함과 슬픔에 사로잡혀 있었다.

특히 아가멤논은 침통한 마음에 샘물처럼 눈물을 흘렸다. 그는 배를 타고 집으로 돌아가자고 말했다. 그러나 최고의 활약을 보이던 디오메데스는 화를 내면서 아가멤논에게 집으로 돌아가고 싶으면 당장 떠나라며 자신은 끝까지 남아 싸우겠노라고 했다. 그리스인들은 디오메데스의 말에 모두 환호성을 질렀다. 이번에는 네스토르가 일어섰다. 그도 디오메데스를 거들면서 파수병을 단단히 세워 두고 병사들과 원로들에게 만찬을 넉넉하게 베푼 후에 현명한 계획을 세우자고 제안했다. 아가멤논은 그의 말에 따라 모든 것을 이행했다.

원로들의 만찬에서는 네스토르가 궁지에서 벗어날 대책을 제시했다. 아가멤논이 아킬레우스에게서 브리세이스를 빼앗고 그를 분노하게 만든 것은 큰 잘못이니, 넉넉한 선물과 진심 어린 사과로 그를 설득하자고 했다. 아킬레우스가 없는 전선은 불안하고 패배의 위험이 도사리고 있음을 그는 잘 알고 있었다. 아가멤논은 자신의 어리석었던 행동을 공개적으로 인정하고 후회하며 사과의 선물을 보내겠노라 선언했다. 브리세이스도 돌려줄 것이며, 아킬레우스를 사위로 삼겠다고 했다. 물론 아킬레우스가 연장자인 자신에 대해 예의를 지켜야 한다는 말을 덧붙이긴 했지만. 네스토르는 아가멤논의 태도에 기뻐하며 아킬레우스에게 보낼 사절을 손수 뽑았다. 오디오스와 에우뤼바테스가 전령으로 뽑히고, 아킬레우스에게는 스승과도 같은 포이닉스, 아킬레우스의 사촌형인 큰 아이아스, 그리고 오뒷세우스가 아가멤논의 사과를 전하는 사절로 선정되었다.

그들이 아킬레우스를 찾아갔을 때, 아킬레우스는 포르밍크스를 연주하면서 마음을 달래며 전사들의 명성을 노래하고 있었다. 영웅의 모습 속에 시인의 모습을 덧입

힌 호메로스의 의도가 멋들어진 대목이다. 사절들을 발견한 아킬레우스는 노래를 멈추고 그들을 반갑게 맞이했다. '가장 친한 친구들'이라고 그들을 칭한 후, 파트로클로스와 함께 사절들을 융숭하게 대접했다. 아킬레우스는 직접 고기를 자르고, 굽고, 전우들에게 나누어 주었다. 아킬레우스가 아가멤논의 화해 제의와 성대한 선물을 기꺼이 받아들이고 화려하게 전투에 복귀하여 빛나는 승리를 거둘 것만 같은 분위기로 무르익어 가고 있었다.

식사가 끝나자, 아킬레우스를 위한 축배를 들면서 오뒷세우스가 먼저 입을 열었다. "헥토르가 이끄는 트로이아군은 제우스가 보낸 승리의 전조를 믿고 그리스인들을 압박하고 있다. 자네가 무장하지 않는다면 그리스인들의 함선은 존망을 예측하기 어렵다. 일단 불행이 일어난다면, 아킬레우스 자네도 돌이킬 수 없으며, 그땐 자네에게도 슬픔이 닥칠 것이다. 아킬레우스, 자네가 노여움을 거두는 것이 자네의 부친 펠레우스의 뜻을 따르는 것이다. 노여움을 거두기만 하면, 아가멤논은 브리세이스를 비롯해서 수많은 보상을 할 것이다. 설령 아가멤논이 밉더라도 다른 그리스인들을 불쌍히 여겨 사과의 선물을 받아들인다면 크나큰 영광을 얻을 것이다. 설령 자네에게 아트레우스 아들과 그의 선물이 진심으로 혐오스럽더라도, 자네는 진중에 있는 다른 모든 그리스인들을 생각해야 한다. 전쟁으로 지쳐 있는 저들을 불쌍히 여겨야 한다. 그러면 저들은 자네를 신처럼 존중할 것이며, 자네는 참으로 크나큰 영광을 얻게 될 것이다."

오뒷세우스의 설득은 조리 있고 논리적이었으나 아킬레우스의 입장은 단호했다. "나에게 그자는 하데스의 문단큼이나 혐오스럽소. 그자는 마음속에 무언가를 숨기고, 밖으로는 다른 걸 말합니다. 아트레우스 아들 아가멤논은 결코 나를 설득하지 못할 것이며, 다른 그리스인들도 마찬가지입니다. 나를 괴롭히는 모든 모욕의 대가를 치르기 전엔 결코 나를 설득하지 못할 것이오." 아킬레우스는 사과를 받아들이지 않을 것이며, 선물 따위는 필요 없다고 거부했다. "왜냐하면 그 어떤 것도 나에겐 목숨보다 값지지 않으니까. 사람의 목숨은 되돌아오지 않소. 이빨의 울타리 밖으로 나간 후엔 다시 그것을 약탈할 수도 빼앗아올 수도 없소." 믿을 수 없고 혐오스런 대상의 신통찮은 선물을 받고서 뭐 좋다고 하나뿐인 목숨을 걸고 싸움터에 다시 나가겠냐는 것이다. 그래 봐야 또 정당한 대접을 받지 못할 텐데. 더군다나 이 전쟁은 여자(헬레네)에 대한 남자(메넬라오스)의 권리를 지켜 주기 위해 시작된 것인데, 전쟁의 원인 제공자의 형이며 그리스 원정의 총지휘자인 아가멤논이 아킬레우스로부터 여인(브리세이스)을 빼앗았다는 건 전쟁의 명분을 파기하는 자기모순을 범한 것이었다.

아킬레우스는 아가멤논의 사과도 선물도 받아들일 수 없었다. 단호하게 거절한 후 그는 자신에게 주어진 상반된 두 가지 운명을 말한다.

> 나의 어머니, 은빛 발의 여신 테티스께서도 말씀하셨소./ 두 가지 사망의 전령이 나를 죽음의 끝으로 데려갈 거라고./ 만일 여기 남아 트로이아인들의 도시를 둘러싸고 싸우면/ 나의 귀향은 사라지겠지만, 명성은 불멸할 거라고./ 만일 집으로, 내 사랑하는 조국 땅으로 돌아간다면,/ 고귀한 명성은 사라지겠지만, 나의 수명은 길어질/ 것이며, 죽음의 끝이 나를 일찍 찾아오진 않을 거라고.
> (9권 410-416행)

자기 앞에 놓인 운명의 갈림길에서 그는 싸움터에서 단명할 운명 대신 무사히 귀향하는 길을 택하여 펠레우스의 재산과 긴 수명을 누린다면, 설령 그리스인들이 전멸한다 해도 슬플 일이 없을 것이라고 했다.

그러면서 자신감을 과시하는 것도 빼놓지 않았다. 헥토르는 자신의 상대가 안 되며, 자신이 노여움을 풀고 전투에 나가기만 하면 헥토르와 트로이아군을 섬멸할 것이라는 확신을 보였다. 하지만 지금은 헥토르와 싸울 마음이 없으며, 지금껏 아가멤논은 많은 일을 해냈으니 계속 잘해 보라며 전쟁에 참여하기를 거절했다. 아킬레우스의 태도는 매우 단호하고 냉소적이며 확신에 차 있었다. 그는 아버지처럼 대하던 포이닉스에게 자신과 함께 고향으로 떠나자고 제안했다.

그러자 포이닉스는 눈물을 흘리며 아킬레우스의 감성에 호소했다. 포이닉스는 아킬레우스가 트로이아로 떠나던 날, 아킬레우스의 아버지 펠레우스가 아들을 부탁하며 함께 보낸 인물이었다. 그는 자신과 아킬레우스 사이의 인간적인 정에 호소하면서, 분노와 노여움을 안고 아가멤논을 용서하지 않은 채 집으로 돌아가기보다는 분노를 거두라고 권유했다. 사람이란 미망(未忘)의 여신에서 벗어나 사죄의 여신에게 경의를 표해야 하는 법, 아가멤논이 미망에 사로잡혀 실수를 했으나, 사죄하고 있으니 마음을 다스리고 사죄를 받아들이라고 했다. 아가멤논이 보낸 화해의 선물과 사절들의 말과 걸음을 모욕하지 말고, 선물을 받아들이고 싸움터에 나가서 신과 같은 명예를 얻으라고 권유했다. 길고 긴 눈물의 호소였고, 자신의 품성을 걸고 다독이는 조언이었다.

그러나 아버지나 다름없는 포이닉스의 설득에도 아킬레우스의 입장은 단호했다. 아가멤논이 제시하는 선물을 받고 얻게 될 명예라? 여전히 아가멤논의 진정성을 믿지 않는 그에게 그런 명예와 선물이 어떤 효력이 있을까? "제게 그런 명예는 필요 없습니다. 전 이미 제우스의 몫에 따라 명예를 누리고 있습니다. 숨이 가슴속에 남아 있고 내 자신의 무릎을 움직일 때까지는! 제 몫이 저를 지킬 겁니다." 그는 단호한 어조로 포이닉스의 설득을 거부했다. 아킬레우스에겐 아가멤논의 입장에서 자신을 설득하려 하는 것은 도무지 맘에 들지 않는 행동이었다. 그것은 포이닉스가 자신이 미워하는 자를 사랑하고 있다는 증거이기 때문이다. 포이닉스가 아가멤논의 편에 서 있다면, 아킬레우스가 포이닉스에 대해 가지고 있던 사랑은 미움으로 변하고 말 것이다. 적의 친구는 더 이상 친구가 아니니까. 아킬레우스는 포이닉스를 설득하면서 아가멤논에게 돌아가지 말고 자신과 남아 쉬면서 고향으로 돌아갈지 전쟁터에 좀 더 머무를지 같이 생각해 보자고 했다. 적의 곁을 떠나 자기 곁에 친구로 남으라는 것이었다.

이성에 호소하는 오뒷세우스의 논리적인 권유에 이어 감성과 품성에 호소하는 포이닉스의 설득이 실패하자, 조용히 듣고 있던 아이아스는 신경질적으로 반응했다. "설득은 실패했고, 그의 거만함만 부추겨 놓은 것 같소. 이제 돌아갑시다. 누구나 보상금을 받고 거만한 마음을 가라앉히는 것이 상례인데, 그는 우리의 우정마저도 무시했소. 아킬레우스는 노여움을 가라앉히고 우리에게 우정과 경의를 표하는 것이 마땅하오!" 사절로서의 목적은 실패했으니, 서둘러 돌아가서 그리스인들에게 상황을 전하고 새로운 대책을 찾아 보자고 했다. 그의 말은 앞선 두 사람의 설득과는 달리 매우 짧게 끝났다. 그는 직접적으로 참전해 달라고 권유하지도 않았고, 선물을 받아 달라고 부탁하지도 않았다. 이 문제에 관해 그는 비난조로 원망만 할 뿐이었다. 하지만 손님으로 온 자신들에 대한 예의는 지켜 달라고 요구했다.

그에 대해 아킬레우스는 이렇게 말했다. "아이아스여, 모든 것을 어느 정도 내 마음에 맞게끔 이야기한 것 같소. 하지만 내 심장은 부아가 나 터질 것만 같소. 아트레우스의 아들이 나를 어떻게 대했는지를 생각한다면 말이오. 그는 나를 어떤 명예도 없는 거류민을 대하듯 했소." 그는 노여움을 거두라는 아이아스의 불만에 찬 요구에 자신이 분노한 이유를 분명하게 밝혔다. 오히려 아이아스에게 불만을 거두고 자신을 이해해 달라고 했다. 그는 이런 선물이나 사과로는 아가멤논의 실수를 만회할 수 없으며, 그에게 받은 모욕을 씻을 수 없다고 생각하고 있었다. 그러면서 이렇게 덧붙였다. "그대들은 이렇게 전해주시오. 헥토르가 내 동족인 뮈르미돈인들의 막사와 함선에 이르고, 그리스인들의 배를 불태우기 전까지 나는 결코 피비린내 나는 전쟁을 생각지 않겠소. 하지만 내 막사와 검은 함선 주위에선 헥토르가 아무리 전투를 열망할지라도 제지당하리라 나는 믿소."

그의 거부는 아가멤논에 대한 승리를 의미한다. 아가멤논은 전세의 불리함과 패배의 쓰라림에 더해 아킬레우스의 완강한 거부와 무시를 당해야 했다. 그것은 아가멤논에겐 커다란 치욕이었다. 아킬레우스는 거부의 효과를 알고 있었으며, 선물을 받아들이는 것이 아가멤논에 대한 굴종 내지 종속 관계의 지속을 의미하는 것으로 해석했을 것이다. 더 버티면서 자신을 모욕한 아가멤논이 더욱 고통스러워하며 안절부절못하고 뼈저리게 후회하기를 바랐다. 더 결정적인 위험의 순간까지 기다리겠다는 매정한 결의가 그를 냉혹한 전사로 그려 놓은 장면이다. 포이닉스는 아킬레우스와 함께 남았고, 오뒷세우스와 아이아스는 아가멤논에게로 돌아갔다.

오뒷세우스가 상황을 설명하자 회중은 큰 충격과 침묵에 사로잡혔다. 이제 어떻게 해야 하나? 그때까지 아킬레우스에 버금갈 만큼 대단한 위력을 발휘하며 싸웠던 디오메데스가 곧 일어섰다. 그는 괜히 아킬레우스의 거만한 마음만 부추겨 놓은 것 같다며 다 잊고 마음껏 먹고 마신 후에 동이 트면 나가서 싸우자고 말했다. 이 말에 모두들 찬성했다. 아가멤논은 이제 다시 아킬레우스 없이 선봉장이 되어 전투를 이끌어야만 한다. 헥토르는 바로 턱밑까지 와서 진지를 구축하고 날이 새기만을 기다리고 있고, 하늘에서는 트로이아의 편에 선 제우스가 다른 신들의 개입을 막고 있다. 아가멤논으로서는 결코 낙관할 수 없는 절체절명의 상황이었다.

제10권

한밤의 정탐 대결

그리스의 다른 지휘관들은 자고 있었지만, 아가멤논은 잠을 이루지 못한 채 깊은 한숨을 내쉬었다. 그의 마음속엔 전율이 일었다. 헥토르 진영에서 타오르는 화톳불과 피리 소리와 소음 때문에 편안하게 잠을 이룰 수 없었다. 그리스인들에게 결코 잊을 수 없는 슬픔을 가져다준 헥토르가 곧 돌진할 기세로 아침을 기다리고 있었다. 과연 그리스인들은 이 전쟁을 승리로 이끌 수 있을까? 아가멤논은 고민을 거듭하다 네스토르를 찾아갔다.

괴로움에 잠을 이루지 못한 것은 아가멤논만이 아니었다. 그의 아우 메넬라오스도 떨고 있었다. 그는 형을 찾아 나섰다. 잠 못 이루고 고민하던 두 형제는 해안가에서 마주쳤다. 아가멤논은 메넬라오스에게 전쟁을 승리로 이끌 좋은 계략을 찾기 위해 아이아스와 이도메네우스를 불러오라고 하고 자신은 네스토르를 찾아갔다. 네스토르와 아가멤논은 오뒷세우스를 찾아갔다. 전쟁을 멈추고 집으로 돌아갈 것인지 아니면 계속 싸울 것인지, 다른 좋은 전략이 있는지 의논하기 위해서였다. 세 사람은 곧이어 디오메데스를 찾아갔고, 디오메데스는 곧 아이아스와 이도메네우스까지 파수병이 지키는 곳으로 데려왔다. 긴장을 늦추지 않고 지켜 선 파수병들을 뒤로하고 그들은 호를 건너 공터로 가서 회의를 시작했다. 메넬라오스와 네스토르의 아들 트라쉬메데스, 메리오네스, 작은 아이아스도 합투한 상태였다.

네스토르는 이튿날 치를 전투를 위해 트로이아 진영을 정탐할 필요가 있다고 생각하며 정탐에 나설 사람을 구했다. 제일 먼저 나선 이는 디오메데스였다. 그는 함께 갈 사람으로 오뒷세우스를 선택했다. 무장을 하고 정탐에 나선 이 두 전사에게는 지혜의 여신 아테나의 가호가 있었다.

한편 트로이아 진영에서는 헥토르가 지휘관들과 장수들을 불러 회의를 열고 있었다. 그 역시 그리스 진영에 대한 정탐이 필요하다고 생각하여 상품을 걸고 지원자를 구하자 돌론이 나섰다. 그는 정탐이 성공하고 그리스인들을 몰아내게 될 때, 아킬레우스의 전차와 말을 달라고 요청했고 헥토르는 이를 기꺼이 승낙했다. 그는 활을 메고, 늑대 가죽을 걸치고, 족제비 가죽 투구를 쓰고, 창을 들고 그리스인들의 함선을 향해 갔다. 한밤중에 양군 사이에 정탐전이 벌어진 것이다.

돌론이 그리스인들의 진영을 향해 다가오자, 디오메데스와 오뒷세우스가 이를 알아차렸다. 두 전사가 다가오는 것을 뒤늦게 알아차린 돌론은 서둘러 달아나기 시작했다. 하지만 이빨이 날카로운 두 마리의 사냥개가 토끼를 잡아채듯이 디오메데스와 오뒷세우스는 돌론을 붙잡았다. 디오메데스가 던진 창이 그의 어깨를 살짝 넘겨 땅에 꽂히자, 돌론이 굳은 듯 서 버렸던 것이다. 두 사람은 돌론으로부터 정탐 목적을 비롯해 무구와 말, 파수와 잠자리의 배치에 관한 상세한 사항과 트로이아인들이 전투를 속개할지 여부를 알아냈다. 모든 정보를 캐낸 디오메데스는 돌론을 가차 없이 단칼에 죽여 버렸다. 약속을 지키지 않은 비신사적인 행동 같지만, 그것은 전쟁에서는 불가피한 일이다. 적에게 관대해야 할 이유도 없고, 조금의 뒤끝이라도 남길 필요가 없었기 때문이다. 오뒷세우스는 돌론의 무장을 모두 벗겨 아테나 여신에게 바쳤다.

그리고 그들은 신속하게 트로이아 동맹군들 가운데 트라키아인들의 진영을 노리고 다가갔다. 지키는 사람 없는 가축 떼를 습격하는 사자처럼 디오메데스는 트라키아인 열두 명과 그들의 지휘관 레소스를 처치했다. 그사이

오뒷세우스는 말과 전차가 지나갈 수 있도록 시신을 치우고, 말들을 몰고 나왔다. 디오메데스도 말에 올라탄 채 트로이아인들의 진영을 빠져나와 그리스인들의 함선을 향해 달렸다. 아테나의 가호를 받은 그리스 두 장수의 완벽한 승리였다. 뒤늦게 이를 알아차린 아폴론은 힙포코온을 깨웠으나 별다른 조치를 취할 수는 없었다. 두 사람은 무사히 귀환했고, 성공적인 정탐과 노획한 말들에 모두들 흡족해했다. 전리품을 아테나에게 바칠 준비를 하는 동안 그들은 먼저 바다에 들어가 씻은 뒤에 욕조에 들어가 목욕을 하고 올리브유를 바른 다음 아테나에게 포도주로 헌주 의식을 거행했다. 마지막 장면의 묘사는 정탐전의 깔끔한 승리를 잘 보여 준다.

그런데 정탐 내용이 그 다음 날 전투에 어떤 도움이 되었을까? 정탐전의 승패는 그 이후의 전개와 관련해서 전혀 언급되지도 않았을뿐더러 전투 전개에 아무런 영향을 주지 않았던 것 같다. 정탐전에서 죽은 돌론에 대해 헥토르는 어떤 언급도 하지 않았고, 그리스인들의 정탐에 뚫린 파수 체계에 대해 이후 어떤 문책이나 조치도 없었다. 그렇다면 왜 호메로스는 《일리아스》의 중간에 전후 맥락에 잘 맞지 않는 정탐전 장면을 넣은 것일까? 다시 한번 머릿속에 떠올려 보자. 한밤중에 오뒷세우스와 디오메데스가 트로이아인들과 그 동맹군들이 구축한 진영에 몰래 잠입하여 열세 명의 전사들을 처치하고 훌륭한 말을 데리고 도망쳤다. 어떤 그림을 연상해 볼 수 있을까? 혹시 트로이아 전쟁을 끝장낸 트로이아의 목마 장면이 떠오르지 않는가? 오뒷세우스와 말, 그리고 야간 잠입과 습격, 트로이아인들의 혼란, 그리스의 두 전사가 벌이는 잔혹한 살육. 어쩌면 호메로스는 전투가 지속되는 한 시점의 한밤중을 잡아 트로이아 전쟁의 결말을 암시한 것은 아닐까? 트로이아인들이 잘 나가던 한 시점의 한밤중을 잡아서 말이다. 그렇게 전쟁은 끝날 것이라고.

제11권

부상을 입고 물러나는 그리스의 영웅들

새벽의 여신 에오스가 일어났다. 지난밤 벌어진 정탐전의 흔적은 전혀 없다. 제우스는 불화의 신 에리스를 그리스인들의 진영 한가운데 있는 오뒷세우스의 함선으로 보냈다. 다른 신들은 모두 올림포스의 자기 자리에 앉아 있어야 했고 전쟁에 가담할 수가 없었지만, 오로지 에리스만이 전쟁터에 있었다. 불화의 여신은 큰 함성을 질러 전사들의 가슴속에 집으로 돌아가는 것보다 전쟁이 더 달콤하게 느껴지도록 했다. 아가멤논은 전사들에게 무장을 명령하고 자신도 무장을 했다. 경갑을 차고 흉갑을 입었으며, 칼을 어깨에 메고 방패를 들어 전신을 가리고 머리에 투구를 썼다. 그리고 창 두 자루를 집어 들었다. 청동에서 빛이 뿜어져 나왔고, 아테나와 헤라는 큰 천둥을 울려 주었다. 아가멤논을 선두로 하여 그리스인들은 전차와 보병의 전열을 정비했다.

한편 트로이아 진영에서는 제우스의 번개처럼 빛나는 청동을 두른 헥토르가 이러저리 다니며 전열을 가다듬었다. 마침내 격돌이 시작되자 밀이나 보리 같은 곡식 다발들이 베여 무더기로 쓰러지듯이 전사들이 쓰러져 갔다.

격돌의 한가운데에서 아가멤논이 적의 대열을 돌파하기 시작했다. 비에노르를 죽인 뒤, 달려드는 오일레우스의 이마를 창으로 찔러 쓰러뜨렸다. 이어 이소스의 가슴을 창으로 찔러 숨통을 끊었고, 안티포스의 귀 옆을 칼로 쳐서 죽였다. 그는 어린 사슴을 깨물어 박살 내는 사자와도 같았다. 그 다음에는 그에게 잡혀 애원하던 페이산드로스의 가슴을 창으로 쳐 죽였고, 칼로 힙폴로코스의 양팔과 목을 베어내 몸통이 굴러다니게 만들었다. 아가멤논의 기세는 맹렬했다. 바람을 타고 불길이 사방으로 번지며 나무들을 쓰러뜨리듯이, 아가멤논은 트로이아 진영을 휩쓸고 다니면서 전사들을 쓰러뜨렸다. 트로이아인들은 도성을 향해 달아나기 시작했다. 추격하는 아가멤논은 도망치는 소 떼에서 뒤처진 소를 이빨로 부수고 뜯어 먹는 사자처럼 끝에 처진 트로이아인들을 무차별 도륙했다. 아가멤논은 거침이 없었다. 그런데 이때 헥토르는 도대체 무엇을 하고 있었을까? 아가멤논을 저지할 수 있는 유일한 트로이아 전사는 헥토르가 아닐까?

제우스가 헥토르를 보호해 주고 있었기 때문에 헥토르는 보이지 않았다. 제우스는 이리스를 헥토르에게 보내 아가멤논이 활약하는 동안에는 전투에 관여하지 말고 물러서 있다가 그가 부상을 입거든 나서라고 지시를 내렸다. 직접 대결하지 말라는 뜻이었다. 헥토르는 흐트러진 트로이아 진영을 재정비하면서 기회를 엿보고 있었다. 헥토르 대신 이피다마스가 나서서 아가멤논과 맞섰다. 아가멤논의 창은 빗나갔지만, 이피다마스의 창은 아가멤논의 흉갑 혁대를 찔렀다. 하지만 뚫지는 못했으며, 창끝은 구부러졌다. 아가멤논은 이피다마스의 창을 잡고 끌어당긴 후에 칼로 내리쳐 그의 사지를 풀어 버렸다. 그러자 그의 형 코온이 아가멤논에게 다가가 팔뚝 한가운데를 찔렀다. 아가멤논은 몸을 떨었다. 아우의 시신을 수습하던 코온에게 달려든 아가멤논은 창으로 그의 목을 쳐서 떨어뜨렸다. 하지만 창끝에 찔린 고통이 아가멤논의 온 몸을 휘감자, 그는 그리스인들에게 선전을 명령하고 물러났다. 그가 물러났으니, 이제는 헥토르가 반격을 시도할 차례였다. 그는 외쳤다.

트로이아인들과 뤼키아인들과 근접전에 능한 다르다니아인들이여./ 용사답게 행동하라, 친구들이여, 불길 같은 투지를 명심하라,/ 가장 뛰어난 용사는 물러났고, 나에게는 큰 영예를 내리셨다,/ 크로노스의 아들인 제우스께서, 힘센 다나오스인들의/ 통발굽의 말들을 곧장 몰아라, 더 뛰어난 영예를 얻도록.(11권 286-290행)

돌진하는 헥토르는 그리스의 수많은 용사들을 처치했다. 아사이오스, 아우토노오스, 오피테스, 돌롭스, 오펠티오스, 아겔라오스, 아이쉼노스, 오로스, 힙포노오스를 차례로 죽였다. 서쪽에서 불어오는 세찬 폭풍이 남풍의 구름을 쫓아버리듯 헥토르는 수많은 전사들을 처치하면서 적진을 돌파해 나갔다.

그리스인들 쪽에서는 오뒷세우스와 디오메데스가 의기투합하여 활약했다. 튐브라이오스와 옆에 있던 몰리온을 각각 디오메데스와 오뒷세우스가 창으로 가슴을 맞혀 죽였고, 이어 메롭스의 두 아들을 디오메데스가, 힙포다모스와 휘페이로코스를 오뒷세우스가 죽였다. 디오메데스가 아가스트로포스의 허리를 창으로 찔러 죽였다.

그 순간, 그 둘을 향하여 마침내 헥토르가 덤벼들었다. 먼저 오뒷세우스가 창을 던져 헥토르의 투구 정수리를 맞혔다. 죽음은 모면했지만 아찔한 순간이었다. 숨을 돌리고 달아나려고 하는 순간, 디오메데스가 달려들었다. 이때 파리스가 쏜 화살이 디오메데스의 오른쪽 발바닥을 맞혔고, 화살은 발을 뚫고 땅에 꽂혔다. 디오메데스는 물러날 수밖에 없었다.

이제 오뒷세우스만이 남았다. 포위망을 좁혀 오는 트로이아인들에 맞서 그는 맹렬하게 저항했다. 다급한 상황에서도 오뒷세우스는 위력을 뿜어냈다. 그는 데이오피테스, 토온, 엔노모스, 케르시다마스, 카롭스를 차례로 죽였다.

그러자 카롭스의 아우 소코스가 달려들어 오뒷세우스의 방패를 창으로 찔렀다. 방패를 뚫고 들어간 그의 청동창은 흉갑을 뚫고 오뒷세우스의 옆구리 살을 찢어 놓았다. 하지만 아테나의 가호 덕에 죽음이 오뒷세우스를 압도하지는 못했다. 소코스는 공격에 성공해 놓고도 후속 공격을 하지 못하고 오히려 떨면서 달아나기 시작했다. 창에 맞고도 거뜬하게 공격해 오는 오뒷세우스가 두려웠던 모양이다. 오뒷세우스는 달아나는 소코스의 등에 창을 꽂아 가슴으로 밀어냈다.

하지만 오뒷세우스가 자신의 옆구리에 박힌 창을 뽑아내자 피가 솟구쳤다. 부상당한 사슴을 향해 달려드는 승냥이 떼처럼 트로이아인들은 부상당한 그를 끝장내려고 달려들었다. 이때 메넬라오스는 오뒷세우스를 도우라며 큰 아이아스를 불렀고, 아이아스는 큰 방패를 들고 뛰어들어 승냥이 떼를 쫓아내는 사자처럼 트로이아인들을 몰아내고 오뒷세우스를 구해 냈다.

아이아스는 이에 만족하지 않고 바로 반격에 나서 도뤼클로스를 죽이고 판도코스, 뤼산드로스, 퓌라소스, 퓔라르테스에게 부상을 입혔다. 크게 불어난 겨울철 강물처럼 아이아스는 트로이아인들을 쓸어 내고 있었다.

한편 헥토르는 스카만드로스강 둑 옆에서 네스토르와 이도메네우스가 이끄는 그리스의 젊은이들을 쓰러뜨리고 있었다. 그리고 파리스는 활을 쏘아 마카온의 어깨를 맞혔다. 네스토르는 그를 데리고 물러날 수밖에 없었다. 헥토르는 트로이아인들이 아이아스에게 무차별 살육을 당하고 있다는 보고를 받고 아이아스가 있는 곳으로 달려가며 그리스인들을 도륙했다.

그 모습을 보고 갑자기 아이아스는 제우스가 불어넣은 공포에 휩싸였다. 그는 트로이아인들을 막아서면서 조금씩 뒤로 물러서기 시작했고, 트로이아인들은 창으로 계속 그를 몰아붙였다. 그러자 지원 사격에 나선 에우뤼퓔로스가 아피사온을 향해 창을 던져 횡격막 밑의 간을 맞혀 죽였다. 에우뤼퓔로스가 아피사온의 무장을 벗기는 동안 파리스는 그를 겨냥하여 활을 당겼다. 화살은 그의 오른쪽 넓적다리에 박혔다. 아이아스는 에우뤼퓔로스를 도와 방파로 트로이아 군사들의 공격을 막아 내며 뒤로 물러섰다. 그리스의 중요한 전사들이 부상을 당하거나 트로이아 군에 밀려가는 상황이었다.

멀리서 아킬레우스가 이 모습을 바라보고 있었다. 그는 네스토르가 마카온을 실어 오는 것을 보고, 파트로클로스를 불러 말했다. "이제야 그리스인들이 내 무릎 주변에 둘러서서 애원할 것 같네. 저들은 견디기 힘든 곤경에 빠져 있으니 말일세. 저기 가서 네스토르가 실어 오는 이가 마카온인지 확인하고 오게나." 이 말에 따라 파트로클로스는 그리스인들의 진영으로 달려갔다.

마카온과 함께 밀주를 마시며 숨을 고르고 있던 네스토르는 파트로클로스에게 아킬레우스에 대한 유감을 표현했다. 그리고 그리스의 전사들, 즉 디오메데스, 오뒷세우스, 아가멤논, 에우뤼필로스가 부상을 당했다는 사실도 전했다. 정말로 아킬레우스는 그리스인들의 배가 불길에 휩싸여 그들이 몰살되기를 원하는 것이냐며 흥분했다. 그는 곧이어 에페이오스인들과 퓔로스인들 사이에서 그가 세웠던 무공을 회상하며 자신이 젊은 시절 얼마나 뛰어난 전사였는지를 이야기해 주었다. "그런데 아킬레우스는 자신의 용기를 혼자서만 즐기려 하고 있네. 하지만 무리들이 전멸하면 그도 반드시 후회하며 눈물을 흘릴 것일세!"

라며 원망 섞인 경고를 덧붙였다.

그리고 트로이아 전쟁이 일어나기 직전, 아킬레우스와 파트로클로스가 참전하려고 할 때에 네스토르가 아킬레우스의 아버지 펠레우스를 만나던 장면을 상기시켰다. 네스토르는 항상 누구보다 뛰어난 최고의 전사가 되라던 펠레우스의 당부를 아킬레우스에게 전하면서 다시 전쟁터로 돌아오라고 종용해 보고, 만약 그가 이를 거절한다면 파트로클로스만이라도 출전을 허락받고 아킬레우스의 무장을 입고 전투에 참가하라고 요청했다. "자네가 설득하면 신의 도움으로 그의 마음을 바꿀 수도 있을 것이네. 친구의 설득은 유익한 법이니까."

파트로클로스는 아킬레우스에게로 돌아오는 길에 넓적다리에 화살을 맞은 에우뤼퓔로스도 만났다. 에우뤼퓔로스는 그리스인들에게 절체절명의 위기가 닥쳤다고 말했다. 가장 용맹스럽던 자들은 부상을 당해 누워 있고, 트로이아인들은 점점 더 강해지고 있기 때문이라고 했다. 그리고 의사인 마카온도 부상을 당해 자신을 치료할 수 없는 처지니, 자신을 구해 달라고 간청했다. 파트로클로스는 마카온을 데리고 가 눕히고 화살을 잘라 내고 검은 피를 씻어 낸 후에 약초를 발라 치료해 주었다.

초반에 펼쳐진 아가멤논의 눈부신 활약에도 불구하고,

트로이아인들의 기세는 등등했다. 그리스인 전사들 중 다수가 부상을 입고 물러났으며, 트로이아인들은 헥토르의 활약에 힘입어 그리스인들을 함선 쪽으로 압박해 가고 있었다. 마침내 전세에 관심을 보이는 아킬레우스의 모습이 살짝 등장한다. 그가 네스토르의 말에 따라 파트로클로스를 자기 대신 전쟁터로 내보낼 것인가? 아니면 아킬레우스가 직접 전투에 뛰어들 것인가? 그것도 아니면 둘 다 전투에 뛰어들지 않고 그리스인들의 결정적 패배를 계속 기다릴 것인가? 이제 아킬레우스는 중대한 결정을 해야만 했다.

제12권

방벽을 돌파하는 사르페돈과 헥토르

파트로클로스가 에우뤼퓔로스를 치료하는 동안에도 그리스인들과 트로이아인들의 격돌은 계속되고 있었다. 그리스인들이 함선을 막기 위해 최후 방어선으로 쌓아 올린 방벽을 둘러싸고 불꽃 튀는 격전이 이어졌다. 그리스인들은 방벽 안쪽에서 버티며 싸웠고, 트로이아인들은 그리스인들을 안쪽으로 몰아붙이면서 방벽을 돌파하려 했다. 호메로스는 그 방벽을 설명하면서 프리아모스의 도성, 즉 트로이아가 전쟁 10년째 되는 해에 함락되고 말 것이며, 지금 방벽을 둘러싸고 일어나는 전투는 전쟁이 막바지로 치닫는 징후라고 알려 준다. 그리고 그 방벽은 사람의 힘으로는 도저히 무너뜨릴 수 없으며, 나중에 포세이돈과 아폴론이 힘을 합하여 이데산에서 흘러나오는 여덟 줄기의 강물과 제우스가 퍼붓는 폭우에 의해 비로소 허물어질 만큼 견고한 것이었음을 보여 준다.

헥토르는 사냥꾼의 포위망에서도 힘을 뽐내는 멧돼지 또는 사자처럼 맹렬한 기세로 돌진하며 트로이아 전사들이 호를 건널 수 있도록 했다. 폴뤼다마스는 전사들이 효율적으로 호를 건널 수 있도록 전차를 놔두고 헥토르를 중심으로 다섯 개 부대로 새로 편성한 보병 대열로 호를 건너 방벽을 돌파하는 방안을 제시했다. 헥토르와 폴뤼다마스, 케브리오네스가 한 팀이 되어 돌진하고, 파리스와 알카토오스와 아게노르가 두 번째 부대를 이루었으며, 헬레노스와 데이포보스, 아시오스가 세 번째 부대를 이루었다. 네 번째 부대는 아이네이아스와 아르켈로코스와 아카마스가 맡았고, 동맹군으로 이루어진 다섯 번째 부대는 사르페돈이 글라우코스, 아스테로파이오스와 함께 지휘했다.

하지만 이 가운데 아시오스만이 폴뤼다마스의 지시에 따르지 않고 전차를 타고 호를 건너려고 시도했다. 그는 그리스인들의 퇴로인 함선들의 왼쪽을 공략하려고 덤벼들었다. 그곳에는 폴뤼포이테스와 레온테우스가 야생 멧돼지처럼 버티고 있었다. 양쪽 군은 서로 돌을 던지며 격돌했다. 이때 폴뤼포이테스는 아시오스와 함께 돌진하던 다마소스의 투구를 창으로 꿰뚫어 머리통을 박살냈고, 연달아 필론과 오르메노스, 안티파테스를 쓰러뜨렸다. 같이 있던 레온테우스는 창으로 힙포마코스의 혁대 밑을 가격해 쓰러뜨렸고, 메논과 이아메노스와 오레스테스를 차례로 땅에 눕혔다.

이렇게 그리스인들은 트로이아인들의 격렬한 공격에 맞서 선방하고 있었다. 헥토르와 폴뤼다마스는 잠시 깊은 생각에 빠졌다. 그들에게 독수리가 나타나 불길한 징조를 보였기 때문이다. 예언자 폴뤼다마스는 호를 건너 방벽을 돌파하는 일을 멈추자고 했다. 결국 패배하고 돌아서게 될 것이 분명하다는 것이 그 이유였다. 그러나 헥토르는 단호했다. 그는 치열하게 싸울 것을 명령했다. "새점 따위는 믿지 않는다. 가장 뛰어난 새점이란 오직 조국을 위해 싸우는 것이다. 겁내지 말고 나가 싸우자!" 헥토르와 트로이아 군사들은 함성을 지르며 돌진했고, 그리스인들은 방벽을 수호하기 위해 물러서지 않고 필사적으로 맞섰다. 방벽은 무너지지 않을 것이다. 하지만 몇 개의 관문을 돌파할 수 있을지가 관건이었다.

두 아이아스가 이리저리 다니며 그리스인들을 격려했다. 양편 사이에는 돌덩이들이 눈보라 치듯 격렬하게 날아다녔다. 이때 사르페돈이 등장했다. 그는 둥근 방패를 들고 창 두 자루를 휘두르며 굶주린 사자처럼 앞으로 나아갔다. 그리고 글라우코스에게 말했다.

이보게 친구, 만일 우리가 이 전쟁을 피하여/ 영원토록 늙지도 않고 죽지도 않을 수만/ 있다면, 내 자신이 맨 앞에서 싸우진 않을 걸세./ 남자의 영광인 싸움터로 자넬 보내지도 않을 걸세./ 하지만 지금 죽음의 운명들이 버티고 우뚝 서 있네,/ 수없이, 인간들은 그것들을 피할 수도 면할 수도 없으니/ 나가세! 누군가에게 명성을 주든, 아니면 누군가가 우리에게 줄 것인즉!(12권 322-328행)

사르페돈과 글라우코스가 돌진해 오는 것을 발견한 메네스테우스는 두 아이아스와 테우크로스를 불렀다. 그러나 격전의 한가운데서 그들은 구원의 요청을 듣지 못했다. 그러자 메네스테우스는 전령 토오테스를 불러 두 아이아스를 데려오도록 했다. 텔라몬의 아들 아이아스는 오일레우스의 아들 아이아스와 뤼코메데스를 싸우던 장소에 남겨 두고 메네스테우스 쪽으로 달려갔다. 그들 뒤로 테우크로스도 따라 나섰다. 헥토르에게 돌을 맞고 부상을 당했던 테우크로스였지만 다시 전투에 복귀한 상태였다. 그들은 방벽을 기어오르는 트로이아인들을 저지하기 위해 혼신의 힘을 다해 싸웠다. 아이아스는 사르페돈의 전우 에피클레스를 돌로 쳐 두개골을 박살 냈고, 테우크로스는 활을 쏘아 글라우코스의 어깨를 맞혔다.

글라우코스의 부상에 사르페돈은 가슴이 아팠으나 다시 전의를 다지며 창을 들고 달려들어 알카마온을 찔러 쓰러뜨렸다. 그리고 대단한 일을 해냈다. 그는 두 손으로 흉벽을 잡아당겨 무너뜨리고 길을 터놓았다. 실로 엄청난 힘이었다. 그러자 그를 저지하기 위해 아이아스와 테우크로스가 함께 달려들었다. 테우크로스는 화살로 그를 겨냥하여 쏘았고, 아이아스는 창으로 그의 방패를 찔렀다. 하지만 화살은 방패 멜빵을 맞고 비껴갔고, 창은 방패를 뚫지 못했다. 주춤하던 사르페돈은 자신의 휘하에 있던 뤼키아인들에게 돌격을 명령했다. 방벽을 뚫고 나가려는 트로이아의 동맹군 뤼키아인들과 이를 저지하려는 그리스인들의 접전이 팽팽했고, 그 주변은 양쪽 군대의 병사들이 흘리는 피로 붉게 물들었다.

이때 헥토르가 사르페돈이 터놓은 길을 통해 방벽 안으로 뛰어들어 갔다. 그리고 함선에 불을 지르라는 명령을 내렸다. 헥토르는 크고 날카로운 돌을 집어 들어 문짝을 향해 던졌다. 문짝이 박살 나자 길이 환하게 트였다. 눈에 불을 켜고 달려드는 그를 제지할 수 있는 사람은 없었다. 신만이 그를 제지할 수 있었을 것이다. 트로이아인들은 헥토르가 터놓은 길을 통해 물밀듯이 밀려들었다.

그리스인들은 쫓겨 함선 쪽으로 달아났고, 전쟁의 소음은 아우성으로 더욱 드높아졌다. 이대로 방벽은 돌파당하고, 함선은 불타오르며, 그리스인들은 파멸을 맞이하는 것인가? 트로이아 전쟁은 헥토르를 최고 영웅의 자리에 올려놓으며 막을 내리게 되는 것인가? 아니라면, 이제 드디어 아킬레우스가 나서야 하는 때가 온 것이 아닌가?

제13권

포세이돈의 개입과 함선 왼쪽에서의 접전

전투는 제우스의 뜻에 따라 전개되고 있었고 다른 신은 감히 전투에 개입할 수 없었다. 트로이아인들은 헥토르를 앞세워 압도적인 기세로 전투를 주도하고 있었고, 아가멤논과 그리스인들은 아킬레우스를 모욕한 대가를 혹독하게 치르고 있었다. 이제 곧 아킬레우스가 모욕을 씻어 내고 명예를 드높일 상황이 되었다. 제우스는 모든 것이 순조롭게 전개될 것이라 믿고 전투에서 눈을 돌렸다.

하지만 제우스의 낙관은 방심이었다. 대지를 흔드는 포세이돈이 가만히 있지 않았기 때문이다. 그는 트로이아인들에 의해 그리스인들이 쓰러지는 것을 가슴 아파했다. 트라키아의 사모스 정상에 앉아 있던 그는 산에서 내려와 네 걸음 만에 바다 깊은 곳에 있는 황금 궁전에 다다랐고, 전차를 몰고 다시 땅으로 올라와 그리스 진영으로 달려갔다. 높은 산봉우리에서 깊은 바닷속으로 그리고 다시 땅

위로 종횡무진 달리는 포세이돈의 움직임은 전투의 격렬함을 그대로 반영하는 것이었다.

예언자 칼카스의 모습으로 나타난 포세이돈은 두 아이아스에게 사기를 북돋워 주었고, 그들의 사지에 힘을 불어넣었다. 포세이돈의 힘을 받은 두 전사는 그리스인들을 힘껏 독려하면서 함선을 향해 진격해 오는 트로이아인들에 강력하게 맞서라고 외쳤다. 아가멤논이 아킬레우스를 모욕하여 이 모든 불행이 일어났지만, 전쟁을 멈출 수는 없다고 했다. 그리스인들은 전의를 다지며 대열을 정돈하여 강력하게 저항하기 시작했다.

트로이아인들과 그리스인들의 격전, 그것은 제우스와 포세이돈의 갈등과 맞닿아 있었다. 제우스는 테티스의 부탁으로 트로이아인들과 헥토르의 승리를 도모했으니, 이는 아킬레우스에게 영광을 내리려는 것이었고, 포세이돈은 제우스에게 화가 나 그리스인들을 격려했다. 제우스가 신들이 전쟁에 개입하는 것을 금했음에도 불구하고 포세이돈은 그리스인들을 도왔던 것이다. 인간들 사이에 일어난 모든 일에는 이렇듯 신들의 의지가 맞물려 있었다. 그것이 바로 호메로스가 그려내는《일리아스》의 세계, 신과 인간들이 어우러진 신화의 세계였다.

밀집 대형을 이룬 그리스인들을 향해 트로이아인들은

선봉에 선 헥토르를 따라 두려움 없이 돌진했다. 그들은 마치 벼랑에서 굴러떨어지는 바윗덩이처럼 강력했다. 창과 칼이 서로 격렬하게 부딪혔다. 그리스인들의 진영 정중앙에서 트로이아의 전사 데이포보스가 앞으로 나섰다. 메리오네스가 창으로 그를 저지하려 했으나 창은 방패에 꺾이고 말았다. 그사이 그리스의 테우크로스가 창잡이 임브리오스를 창으로 찔러 쓰러뜨리자, 헥토르는 테우크로스에게 창을 던져 그를 제압하려 했다. 그러나 헥토르의 창은 테우크로스 대신 암피마코스의 가슴에 꽂혔다. 곧이어 텔레몬의 아들 아이아스가 헥토르를 향해 창을 던져 물러나게 했고, 오일레우스의 아들 아이아스는 임브리오스의 목을 잘라 헥토르의 발 앞으로 던졌다.

그런데 헥토르가 죽인 암피마코스는 포세이돈의 손자였다. 손자의 죽음을 목격하고 화가 치밀어 오른 포세이돈은 토아스의 모습을 하고 이도메네우스 앞에 나타나 그를 부추겼다. 이도메네우스는 창을 가지러 온 메리오네스와 함께 진영의 왼쪽으로 나아갔고, 그들을 향해 달려든 트로이아인들과 피 튀기는 접전을 벌였다. 이렇게 해서 이야기의 초점은 함선의 왼쪽으로 이동하게 된다.

함선 왼쪽에서 격전이 벌어지는 와중에 이도메네우스는 창을 던져 오트뤼오네우스의 배를 찔러 쓰러뜨렸다.

프리아모스의 딸 카산드라와 결혼하기로 했던 오트뤼오네우스는 결혼의 달콤함을 맛보기도 전에 그렇게 허망하게 쓰러졌다. 그러자 그의 시신을 둘러싸고 격전이 벌어졌다. 트로이아인들 쪽에서는 아이오스가 달려 나왔다. 그러자 이도메네우스는 창으로 그의 목을 관통시켰고, 그의 곁에서 말을 몰던 전우는 안틸로코스가 배 한복판을 꿰뚫어 버렸다. 다시 트로이아인들 쪽에서 데이포보스가 달려 나와 이도메네우스에게 창을 던졌다. 그러나 그는 방패로 데이포보스의 창을 막아냈고, 방패를 스쳐 날아간 창은 곁에 있던 휩세노르의 횡경막 밑의 간을 찔러 무릎을 풀었다. 그러자 안틸로코스가 달려 나가 트로이아군의 접근을 막는 사이에 그리스 전사들은 중상을 입은 휩세노르를 함선으로 데려갔다. 수세에 몰린 이도메네우스는 다시 창을 들어 알카토오스의 가슴 한가운데를 찔러 쓰러뜨렸다. 엄청난 힘이었다.

의기양양하게 호령하는 이도메네우스에게 겁을 집어먹고 데이포보스는 일단 물러나면서 아이네이아스를 불렀다. 죽은 알카토오스는 아이네이아스의 매부(妹夫)였다. 화가 난 아이네이아스는 이도메네우스를 향해 달려들었고, 이도메네우스도 물러서지 않고 당당히 맞섰다. 그러자 메리오네스와 안틸로코스 등 그리스 전사들이 이도메네우스 곁으로 붙으면서 방패로 방어선을 만들어 주었다. 한편 아이네이아스는 데이포보스와 파리스와 아게노르를 불러 함께 돌진했다. 알카토오스의 시신을 가운데 두고 양쪽 전사들의 쟁탈전이 벌어졌다. 아이네이아스가 먼저 이도메네우스를 향해 창을 던졌다. 이도메네우스가 날렵하게 창을 피한 후에 곁에 있던 오이노마오스의 배 한복판을 찌르자 창자가 쏟아져 나왔다. 공격을 한 뒤 주춤하는 이도메네우스를 향해 데이포보스가 힘껏 창을 던졌다. 그러나 이번에도 이도메네우스는 민첩하게 창을 피했다. 빗나간 창은 멈추지 않고 피를 열망하며 계속 날아가더니 아레스의 아들 아스칼라포스의 어깨를 꿰뚫어 쓰러뜨렸다.

그러자 이번에는 아스칼라포스를 둘러싸고 접전이 벌어졌다. 메리오네스는 아스칼라포스의 투구를 벗기는 데이포보스의 팔을 창으로 찔렀다. 피를 뿜어내며 고통스러워하는 데이포보스를 형제인 폴리테스가 데리고 전투장을 빠져나갔다. 그사이 분기탱천해 있던 아이네이아스는 아파레우스의 목을 창으로 꿰뚫었다. 이에 응수라도 하듯 안틸로코스는 토온에게 덤벼들어 핏줄을 모두 끊어 쓰러뜨렸다. 쓰러진 토온의 무장을 수습하려고 분주한 안틸로코스를 트로이아인들이 순식간에 빙 둘러 포위한 후, 그에게 무차별 공격을 가했다. 특히 아다마스가 다가가 창으로 공격했고, 안틸로코스는 쏟아지는 창 공격을 방패로 간신히 막아냈다. 이를 보고 있던 메리오네스가 다가와 아다마스의 아랫배를 창으로 찔러 죽였다. 트로이아의 헬레노스는 데이퓌로스의 투구를 칼로 쳐 쓰러뜨렸다. 이를 보고 있던 메넬라오스는 헬레노스를 향해 창을 휘두르며 뛰어들었고, 궁지에 몰린 헬레노스는 활시위를 당겼다. 헬레노스의 화살은 메넬라오스의 흉갑을 맞고 튕겨 나간 반면, 메넬라오스의 창은 헬레노스의 손을 꿰뚫었다.

부상을 입고 헬레노스가 물러난 사이, 메넬라오스를 향해 페이산드로스가 달려들었다. 이에 맞서 메넬라오스는 창으로 반격에 나섰으나 창은 빗나갔고, 페이산드로스의 창은 메넬라오스의 방패에 막혔다. 메넬라오스는 곧 칼을 뽑아 들었고, 페이산드로스는 청동 도끼를 꺼내 들었다. 승자는 메넬라오스였다. 페이산드로스의 도끼가 메넬라오스의 투구를 쳤으나 그뿐이었고, 메넬라오스의 칼은 페이산드로스의 두개골을 부수며 그를 쓰러뜨렸다. 승리의 기쁨으로 호령하는 그에게 하르팔리온이 날쌔게 달려들면서 창을 휘둘렀지만, 메넬라오스는 방패로 막아 내어 하르팔리온의 공격을 무력화시켰다. 공격에 실패하고 달아나는 그를 향해 메넬라오스가 활을 쏘아 엉덩이를 꿰뚫었다. 전우의 죽음에 슬퍼하던 파리스가 복수의 활시위를 당겼고, 청동 촉이 달린 그의 화살은 에우케노르의 얼굴을 관통했다. 사그라지지 않는 불길처럼 죽고 죽이는 접전이 계속되었고, 함선 왼쪽에서 벌어지는 전투에서는 그리스인들이 트로이아인들을 제압하면서 전세를 유리하게 이끌어 가고 있었다.

중앙에서는 여전히 헥토르가 활약하고 있었다. 하지만 그리스인들의 밀집 대열을 뚫고 전진하기란 그에게도 쉽지 않은 일이었다. 포세이돈이 그리스인들에게 힘을 불어넣어 주고 있었기 때문이었다. 그렇다고 그리스인들이 헥토르를 밀어내지도 못했다. 그리스의 여러 전사들이 헥토르와 맞서고 있었는데, 특히 두 아이아스는 쟁기를 끌기 위해 멍에로 묶인 두 마리 황소처럼 헥토르와 트로이아인들에 뚝심 있게 맞서고 있었다.

전열을 가다듬기 위해 트로이아 전사들은 폴뤼다마스에게로 모였고, 그 사이 트로이아군의 대열을 누비며 격려하던 헥토르는 전선의 왼쪽에서 싸우던 용사들이 죽거나 부상당한 것을 알게 되었다. 그는 파리스와 함께 전사들을 모아 가장 치열한 접전이 벌어지는 곳을 향해 거센 폭풍처럼 나갔다. 아레스처럼 위협적인 모습의 헥토르가 트로이아 전사들의 선봉에 섰다. 그리스인들은 겁먹지 않고 버티고 섰고, 그 앞으로 아이아스가 나왔다. 아이아스가 승리를 장담하며 외치자, 헥토르는 그리스인들의 기름과 고기로 트로이아의 개 떼와 새 떼의 배를 채울 것이라 대응했다. 헥토르와 아이아스를 각각 앞세운 트로이아인들과 그리스인들의 대치 상황이 숨 돌릴 틈도 없이 긴박하게 펼쳐졌다.

> 이렇게 소리를 지르고는 앞으로 나갔다. 저들도 함께 따라나섰다,/ 신들도 놀랄 소리를 지르며. 무리도 소리를 질렀다, 뒤쪽에서 서서./ 아르고스인들도 맞은편에서 소리를 질러 댔다, 전혀 감추지 않았다,/ 투지를, 대신 기다리고 있었다, 트로이아인들의 용사들이 달려들기를./ 양쪽이 질러 대는 소리가 닿았다, 천공에 그리고 제우스의 광채에까지.(13권 833-837행)

제14권

헤라가 제우스를 유혹하자 역전되는 전세

접전이 벌어지는 동안, 파리스의 화살에 맞아 부상당한 마카온을 돌보고 있던 네스토르는 전황을 둘러보기 위해 나갔다. 그리스인들이 수세에 몰려 트로이아인들에게 쫓겨 들어오고 방벽이 허물어져 있는 것을 발견했다. 예감이 좋지 않았다. 네스토르가 아가멤논을 찾아갔을 때 함선 곁에는 접전에서 부상을 입고 물러서 있던 디오메데스, 오뒷세우스, 아가멤논이 신음하고 있었다. 특히 아가멤논은 깊은 좌절감에 사로잡혀 있었고 아킬레우스를 아쉬워하며 헥토르에 대한 두려움으로 크게 한탄했다.

두렵소. 굳건한 헥토르의 말이 내게 이루어질 것 같아,/ 그는 전에 협박했었소, 트로이아인들에게 연설하면서,/ 결코 함선들을 떠나 일리오스로 돌아가지 않겠다고,/ 함선들을 불사르고, 우리마저 죽이기 전에는./ 그는 그렇게 연설했소. 그 모든 것이 지금 이루어지고 있소./ 아, 이럴 수가! 멋진 경갑을 찬 다른 아카이아인들도/ 마음속으로 내게 노여움을 던지고 있소, 아킬레우스처럼 결코 전투를 하려 하지 않소,/ 함선들의 뱃고물 옆에 서서.
(14권 44-51행)

전멸의 위험을 감지한 아가멤논은 다시 한번 전쟁을 그만두고 달아나자고 말했다. 일단 함선을 바다로 끌어내고 밤을 노리자고 했다. 그는 최고사령관으로서 전쟁의 책임을 무겁게 느끼고 있다고 하겠으나, 당당하게 싸우자는 말 대신 틈만 나면 달아나자고 이야기하는 것이 어딘가 나약해 보인다.

오뒷세우스는 즉각 반발하고 나섰다. 분별력을 잃은 말이라며 비판했다. 바다로 함선을 끌어내는 것은 그리스인들의 전의를 완전히 꺾는 일이라고 맹렬하게 비난했다. 디오메데스도 부상자를 제외하고 모두 나가 전우들을 격려하자고 제안했다. 아가멤논은 다시 전의를 가다듬고 앞으로 나아갔고, 다른 이들도 그를 따랐다. 포세이돈도 가만히 있지는 않았다. 아가멤논을 격려하고, 나아가 그리스인들의 마음에 큰 힘을 불어넣었다.

제우스가 방심하고 눈을 돌린 사이, 포세이돈이 그리

안니발레 카라치가 그린 〈제우스와 헤라〉(1597년경)

스인들을 도와주자, 헤라는 매우 기뻐했다. 그녀는 포세이돈이 계속 그리스인들 편에서 활약할 수 있도록 제우스가 전쟁에 눈길을 주지 않게 할 방법을 생각했다. 그녀가 택한 방법은 '미인계'였다. 그녀는 암브로시아로 목욕을 한 뒤, 향기로운 올리브유를 몸에 바르고 머리를 곱게 빗어 땋았다. 아테나가 만들어 준 아름다운 옷을 입고 황금 브로치와 술이 풍부하게 달린 허리띠를 둘렀고, 귀걸이에 면사포를 쓰고 멋진 샌들을 매어 신었다. 그리고 아프로디테를 속여 그녀에게서 사랑과 욕망과 매력과 감미로운 달이 가득한 신비로운 띠를 얻어냈다. 그러고는 곧장 렘노스로 날아가 잠의 신 휩노스를 만나 그에게 카리스 여신 파시테아와 결혼하게 해줄 테니 제우스를 깊은 잠에 빠지도록 해달라고 부탁한 뒤 이데산으로 데려왔다.

제우스는 갑작스럽게 나타난 헤라를 보고 강렬한 애욕에 사로잡혔다. 그는 지금까지 자신을 매혹했던 모든 여성들을 언급하며 그때보다 더 달콤한 욕망에 사로잡혀 있다면서 헤라를 붙들었다. 헤라는 자연스럽게 제우스를 사랑에 취해 잠들게 만들 수 있었다. 누구도 이 장면을 보지 못하도록 이데산 정상에는 두터운 황금 구름이 덮였다. 그러니 그 안에 있는 제우스도 그 바깥에서 전개되는 전쟁의 양상을 볼 수 없었다. 약속대로 잠의 신 휩노스는 제우스를 깊은 잠에 빠져 들게 했다. 모든 일이 순조롭게 착착 진행되는 것을 확인한 헤라는 포세이돈에게 가서 제우스가 깊이 잠들었으니, 이제 마음 놓고 그리스인들을 도우라고 전했다.

제우스가 깊은 잠에 빠지자 포세이돈의 세상이 되었다. 그는 그리스인들에게 진격 명령을 내렸다. 디오메데스, 오뒷세우스, 아가멤논이 전열을 정비하며 동료들을 격려했다. 포세이돈이 선봉에 섰고, 그리스인들의 뒤에선 바다가 파도를 일으켜 세웠다. 맞은편에서는 헥토르가 트로이아인들을 정렬했다. 양쪽 군대는 곧 큰 함성을 지르며 격돌했다.

헥토르가 먼저 아이아스를 향해 창을 던졌다. 아이아스의 가슴 쪽으로 날아간 창은 방패의 멜빵과 칼집의 끈이 교차하는 부분을 맞혔을 뿐 몸을 상하게 하지는 못했다. 반격에 나선 아이아스는 헥토르를 향해 커다란 돌덩이를 던졌다. 그 돌에 목 근처 가슴을 맞은 헥토르는 팽이처럼 돌다가 쓰러졌다. 어둠이 그의 눈을 덮었다. 그리스인들은 헥토르를 끝장내려고 소낙비처럼 창을 던졌으나, 폴뤼다마스, 아이네이아스, 아게노르, 사르페돈, 글라우코스 등 트로이아 전사들이 달려들어 헥토르를 둘러싸고 방패로 엄호하여, 간신히 빼낼 수 있었다.

헥토르가 부상을 입고 물러나는 것을 보고 그리스인들의 사기는 높이 치솟았다. 오일레우스의 아들 아이아스가 사트니오스의 옆구리를 창으로 찔러 쓰러뜨리자, 그를 둘러싸고 격전이 벌어졌다. 트로이아 쪽에서는 폴뤼다마스가 프로토에노르의 어깨를 창으로 찔러 쓰러뜨렸고, 그리스 쪽에서는 텔라몬의 아들 아이아스가 폴뤼다마스를 향해 창을 던졌다. 폴뤼다마스는 창을 피했으나 계속 날아간 창은 아르켈로코스의 목을 찔렀다. 죽은 아르켈로코스를 그리스의 프로마코스가 끌고 가려고 하자, 아르켈로코스의 아우 아카마스가 창으로 그를 찔러 죽였다.

죽고 죽이는 잔혹한 혼전이 계속되는 가운데 그리스 전사들의 활약이 돋보였다. 페넬레오스가 아카마스에게 달려들어 공격했으나, 그의 공격은 엉뚱하게 일리오네우스를 쓰러뜨렸다. 얼굴이 박살 나며 쓰러진 일리오네우스의 목을 페넬레오스는 칼로 베었다. 텔라몬의 아들 아이아스는 휘르티오스를, 안틸로코스는 팔케스와 메르메로스를, 메리오네스는 모뤼스와 힙포티온을, 테우크로스는 프로토온과 페리페테스를, 아가멤논은 휘페레노르의 숨통을 끊었다. 헤라에 홀려 제우스가 잠든 사이, 포세이돈이 전세를 바꿔 놓은 까닭에 그리스의 전사들은 맹위를 떨쳤다. 그 가운데에서도 가장 두드러진 활약을 한 용사는 바로 오일레우스의 아들 작은 아이아스였다.

이렇게 전투는 끝이 날 것인가? 그리스인들은 아킬레우스의 도움 없이도 트로이아군을 물리치고 새롭게 잡은 승기를 끝까지 이어갈 것인가? 제우스는 도대체 언제까지 잠들어 있을 것인가?

제15권

헥토르와 트로이아인들의 반격

함선까지 그리스인들을 몰아붙이던 트로이아인들은 방벽 밖으로 밀리기 시작했다. 이는 포세이돈과 헤라가 힘을 합한 결과였다. 이때 제우스가 드디어 단잠에서 깨어나 아래를 내려다보니 트로이아인들이 그리스인들에게 쫓기고 있었으며, 그 가운데 포세이돈이 맹위를 떨치고 있었다. 반면 헥토르는 들판에 누워 피를 토하고 있었다. 황당한 일이었다. 모든 정황을 직감적으로 파악한 제우스는 헤라를 향해 소리쳤다. 속임수를 써서 전세를 일그러뜨리다니! 그리고 이리스와 아폴론을 불러오게 했다. 이리스에게는 포세이돈에게 전쟁에서 빠지라는 명령을 전하고, 아폴론에게는 헥토르에게 용기를 불러일으키라고 명령을 내리기 위해서였다. 그리고 앞으로 전투가 어떻게 진행될지를 헤라에게 미리 알려 주었다.

… 그(아킬레우스)가 다시 세울 거요, 그의 전우/ 파트로클로스를. 그를 창으로 죽일 거요, 빛나는 헥토르가/ 일리오스 앞에서, 수많은 젊은이들을 죽인 그를,/ 다른 이들과 함께 내 아들 고귀한 사르페돈을 죽인 그를,/ 그 때문에 화가 나 죽일 거요, 헥토르를 지체 높은 아킬레우스가.(15권 64-68행)

이것이 제우스의 계획이었다. 그런데 납득하기 어려운 것이 있다. 이것이 과연 테티스가 제우스에게 간청했던 소원을 이루는 일인가? 이것이 과연 아킬레우스가 소망하던 것이라고 할 수 있을까? 아가멤논에게 당한 모욕을 갚기 위해 트로이아인들에게는 승리를, 그리스인들에게는 패배를 내려 달라고 기도했는데, 그 일이 이루어지는 그 순간에 아킬레우스가 가장 사랑하는 친구 파트로클로스가 죽는다면, 아킬레우스는 과연 만족할 것인가? 결코 그럴 수는 없는 일이었다. 그런데 제우스는 왜 이런 계획을 세운 것일까? 제우스와 헤라 이외에 다른 어떤 신도 이 계획을 알아차리지 못하는 가운데 새로운 비극이 비밀스럽게 진행되고 있었다.

제우스의 명령에 따라 헤라는 올림포스로 날아갔다. 헤라는 먼저 테미스 여신에게 제우스의 계획에 대한 불만을 토로했고, 아레스에게는 그의 아들 아스칼라포스가 트로이아의 용사 데이포보스의 창에 맞아 죽었다는 소식을 전했다. 이에 분노하여 당장 전쟁터로 나가려는 아레스를 아테나가 말렸다. 제우스의 명령을 거역하고 출정한다면 화를 면치 못할 것이라고 경고했다. 마지막으로 헤라는 이리스와 아폴론에게 제우스를 찾아가라고 명령했다. 헤라의 명에 따라 그들은 이데산으로 제우스를 찾아갔다. 먼저 이리스는 포세이돈을 찾아가 전투에서 빠지라는 제우스의 명령을 전했다. 포세이돈은 노여워하면서 자기는 제우스와 동등한 힘과 몫을 가지고 있다고 주장했다. 하늘은 제우스의 영역이고, 바다는 자기 영역이며, 지하 세계는 하데스의 몫이라 했다. 그리고 땅과 올륌포스는 공유지이니 일정한 지분을 가지고 참여할 수 있는 일이라고 생각했던 것이다. 하지만 이리스는 지혜로운 말로 포세이돈의 분기를 가라앉혔다. 포세이돈은 이리스의 권고에 따라 그리스인들을 떠나 바다로 돌아갔다.

한편 아폴론은 헥토르를 향해 날아갔다. 아이아스의 돌에 맞아 실신했던 헥토르는 기운을 회복하고 있었다. 그에게 아폴론은 전쟁터로 나가 그리스인들을 몰아붙이라고 명령하고 큰 힘을 불어넣어 주었다. 배불리 꼴을 먹은 말이 질주하듯이 헥토르는 힘에 넘쳐 전쟁터로 뛰어들어 전차병들을 독려하고는 성난 사자처럼 그리스인들의 대열을 공격했다. 아이아스의 돌에 맞아 죽은 줄로만 알았던 헥토르가 다시 선두 대열에 서서 돌진해 오는 것을 보고 그리스인들은 놀라움과 두려움에 사로잡혔다. 신이 돕지 않았다면, 높은 곳에서 천둥을 내리치는 제우스가 돕지 않았다면 저럴 수는 없다는 것이었다.

토아스는 일단 그리스 병사들을 퇴각하게 했고, 가장 뛰어난 전사들에게 헥토르를 저지하자고 제안했다. 이에 따라 아이아스와 이도메네우스, 테우크로스, 메리오네스, 메게스가 나섰고, 병사들은 함선 쪽으로 퇴각했다. 헥토르는 아폴론의 위용에 힘입어 돌격해 나갔다. 거대한 접전이 다시 벌어졌다. 양쪽에서 서로를 향해 활을 쏘아 댔고, 숱한 전사들이 쓰러져 갔다. 하지만 확실히 전세는 트로이아인들 쪽으로 기울었다. 아폴론의 위용이 헥토르의 힘을 통해 뿜어져 나왔다. 헥토르는 스티키오스와 아르케실라오스를 죽였고, 아이네이아스는 메돈과 이아소스를 죽였으며, 폴뤼다마스는 메키스테우스를, 폴리테스는 에키오스를, 아게노르는 클로니오스를, 파리스는 데이오코스를 죽였다. 이렇게 트로이아인들은 계속 밀고 들어갔고, 그리스인들은 들판에서 방벽 안 함선이 있는 곳까지 계속 물러났다.

헥토르는 조금도 지체하지 말고 함선을 향해 돌격하라고 명령했다. 앞장서 있던 아폴론은 둑을 무너뜨려 호 가운데로 길을 내주었고, 방벽을 무너뜨려 길을 터주었다. 트로이아인들은 그 길을 따라 거침없이 진격해 들어갔다. 제우스가 내리는 천둥과 전투의 격렬함으로 온 우주가 진동하는 듯했다. 방벽 안에서부터 함선의 바깥쪽까지 치열한 접전이 벌어졌다. 트로이아인들은 전차에 올라타 공격했고, 그리스인들은 함선 위에 올라가 긴 창으로 트로이아인들을 찌르려 했다. 트로이아인들은 올 데까지 왔고, 그리스인들은 갈 데까지 간 상태였다. 이때 파리스의 화살에 맞아 부상을 입은 에우뤼필로스를 치료하던 파트로클로스는 전세의 위급함을 깨닫고 즉시 아킬레우스를 향해 달려갔다.

트로이아인들은 그리스인들을 거세게 몰아붙였지만, 최후의 힘을 다하고 있는 그리스인들의 저항으로 함선과 막사 사이로 진입하지 못하고 있었다. 마지막 전선에서는 팽팽한 접전이 벌어지고 있었다. 헥토르는 함선에 불을 붙이려고 분투하고, 아이아스는 헥토르를 밀어내려고 애썼다. 때마침 클뤼티오스의 아들 칼레토르가 헥토르에게 불을 가져오고 있었는데, 아이아스는 곧 창으로 칼레토르의 가슴을 맞혀 쓰러뜨렸다. 그러자 헥토르는 아이아스를 향해 창을 던졌고, 아이아스를 비껴 나간 창은 뤼코프론의 머리를 박살 냈다. 이를 보고 테우크로스는 헥토르를 향해 활시위를 당겼다. 화살은 헥토르를 비껴가 클레이토스의 목덜미를 관통했다. 테우크로스는 다시 활시위를 당겼다. 그러나 화살은 헥토르를 향해 날아가지 못했다. 제우스의 장난이었을까? 활시위가 갑자기 끊어졌기 때문이었다. 테우크로스는 활을 내던지고 창으로 무장한 뒤 다시 아이아스 옆에 섰다.

테우크로스의 활시위가 끊어진 것을 보고 신들이 자신을 도와주고 있다는 사실을 깨달은 헥토르는 트로이아인들을 다시 분기시켰다. 이에 질세라 아이아스도 그리스인들을 강력하게 격려했다. 치열한 설전이 한바탕 벌어진 다음 헥토르는 공격을 재개하여 스케디오스를 죽였다. 그러자 이에 맞대응하듯 아이아스가 라오다마스를 쓰러뜨렸다. 트로이아의 전사 폴뤼다마스가 오토스를 죽이자, 메게스가 달려들어 폴뤼다마스를 공격했다. 폴뤼다마스는 메게스의 공격을 피했으나, 메게스의 창은 헛되지 않았다. 폴뤼다마스 뒤에 있던 크로이스모스의 가슴을 관통했기 때문이다. 이를 보고 있던 돌롭스가 메게스에게 달려들어 창으로 찔렀고, 메게스는 방패로 창을 막았다. 방패를 뚫고 들어간 창이 흉갑에 걸려 멈추자, 메게스는 재빨리 역습을 시도하여 창으로 돌롭스의 투구를 날려 버렸다. 돌롭스와 메게스가 힘겨운 대결을 벌이고 있을 때 메넬라오스가 다가와 돌롭스를 창 한 방으로 쓰러뜨렸다. 헥토르는 돌롭스의 친척인 멜라닙포스와 함께 돌롭스가 쓰러진 곳으로 달려갔다. 그들에게 맞선 것은 안틸로코스였다. 그가 던진 창은 그대로 날아가 달려오던 멜라닙포스의 젖꼭지 옆을 맞혔다. 곁에 있던 헥토르가 달려들자, 안틸로코스는 몸을 돌려 달아났다. 그를 추격하기 위해 헥토르와 트로이아인들이 불길처럼 몰려들었다. 그들은 마치 날고기를 먹는 사자 떼와 같았다.

트로이아인들 가운데에선 역시 헥토르가 가장 돋보였다. 그는 무성하게 우거진 숲을 집어삼키는 산불처럼 활활 타올랐으며, 아레스처럼 격렬했다. 거센 물결이 배를 덮치는 모습과도 같았고, 소 떼를 습격하는 사자와도 같았다. 그 앞에서 그리스인들은 어쩔 줄 몰라 하며 이리저리로 흩어져 달아났다. 헥토르는 페리페테스에게 창을 꽂아 그를 죽였다. 그리스인들은 그 모습에 놀라 함선들 뒤로 숨었고, 트로이아인들은 그리스인들의 함선들 사이로 쏟아져 들어갔다. 그리스 전사들이 선전을 펼쳤으나 대세는 돌이킬 수가 없었다. 네스토르와 아이아스가 그리스인들을 격려하고 용기를 북돋아 주었으나, 트로이아인들을 막아내기에는 역부족이었다. 그리스인들은 곧 파멸할지도 모른다는 불안과 공포에 사로잡혔고, 트로이아인들은 함선을 불태우고 그리스의 영웅들을 모조리 없애 버리려는 열망에 휩싸여 있었다.

이때 헥토르가 새 떼를 덮치는 독수리처럼 프로테실라오스의 함선 한 척을 향해 달려들어 뱃고물을 잡았다. 이를 둘러싸고 양군 사이에 격렬한 백병전이 벌어졌다. 도끼와 칼과 창이 서로 날카롭게 부딪치며 쟁쟁거렸고, 검은 대지가 피로 물들었다. 뱃고물을 잡고 있던 헥토르는 불을 가져오라 명령했고, 아이아스는 트로이아인들 가운데 불을 가져오려는 자는 누구든 창으로 공격했다. 아이아스의 창에 열두 명의 트로이아 전사가 상처를 입고 쓰러졌다. 과연 헥토르는 함선에 불을 붙이고, 그리스인들을 함선과 바다 사이에서 몰살시킬 수 있을까? 그리스인들은 함선을 지켜내고 트로이아군을 다시 방벽 바깥으로 몰아낼 수 있을까? 손에 땀을 쥐게 하는 결정적인 순간이었다. 특히 함선에 불이 붙기 전까지는 절대로 전투에 참가하지 않겠다고 선언했던 아킬레우스의 말을 떠올려 보면, 지금이 얼마나 중요한 순간인지 느낄 수 있을 것이다. 상황에 따라 아킬레우스는 곧바로 전쟁터로 뛰어들 판이었다.

제16권

파트로클로스의 죽음

에우뤼퓔로스를 치료하던 파트로클로스는 전세의 위급함을 깨닫고 아킬레우스에게 달려갔다. 아킬레우스 앞에서 파트로클로스는 높은 절벽 위에서 시커먼 물을 쏟아 내리는 검은빛 샘과 같이 눈물을 쏟아냈다. 아킬레우스는 자신들이 저지른 잘못의 대가를 치르고 있는 그리스인들의 고통과 죽음을 생각하며 우는 것이냐고 물었다. 파트로클로스는 그리스의 여러 전사들이 부상을 입고 쓰러져 있다고 했다. 그리스인들이 함선 있는 곳까지 몰린 상황을 이야기하면서 아킬레우스의 단호함을 원망한 후에, 트로이아군이 아킬레우스가 전투에 나섰다고 믿도록 자신이 그의 갑옷과 무구로 무장하고 전투에 나갈 수 있도록 해달라고 간청했다.

하지만 아킬레우스는 여전히 아가멤논이 자신에게 행했던 모욕적인 언사와 행동에 대한 노여움을 생생하게 품고 있었다. 아가멤논은 자신에게서 명예의 상을 빼앗았으며, 아무런 권리도 없는 뜨내기 취급을 했다고 불만스럽게 말했다. 결국 아가멤논이 자신을 전우와 친구로서 대하지 않았다는 말이다. 그렇다면 아킬레우스도 그를 친구로, 전우로 대해야 할 아무런 이유가 없게 된다. 자기가 모욕을 당할 때 침묵을 지켰던 그리스인들도 모두 마찬가지다. 설령 아킬레우스가 그들에 대한 노여움을 잊는다 하더라도 아가멤논과 아킬레우스의 관계는 변하지 않을 것이다. 더 이상 서로를 도와야 할 친구는 아니기 때문이었다. 분노를 잊도록 하겠으나 자신이 선언한 내용은 지킬 것이라고 말했다. 즉, 자신의 함선으로 트로이아인들이 쳐들어오지 않는 한, 전투에 참여하지 않겠다는 말이다. 자신에게 직접 피해를 주지 않는 한, 트로이아인들은 적이 아니었다. 단지 친구가 아닐 뿐이었다.

그러나 파트로클로스의 입장은 좀 달랐다. 비록 아킬레우스가 아가멤논에게 모욕을 당하긴 했지만, 엄밀하게 말해서 파트로클로스가 아가멤논에게 직접 당한 것은 없었다. 더군다나 파트로클로스는 그리스인들에 대해선 아직도 친구의 감정을 간직하고 있었다. 쓰러지는 그들을 보며 함께 고통스러워하고, 그들을 돕기를 원하고 있다는 것이 그 증거였다. 내키지는 않았지만 아킬레우스는 파트로클로스의 출전을 허락했다. 그러나 한 가지 경고를 덧붙였다. 트로이아인들을 함선에서 몰아내고 방벽 바깥으로 밀어낸 다음에는 다시 돌아오라는 것이었다. 승리에 취해 일리오스의 성벽까지 진격하지는 말라고 했다. 최종 승리의 영광은 자신의 몫으로 남겨 두고 싶은 것이었다.

그사이 함선을 둘러싼 전투는 더욱 격렬해지고 있었다. 아이아스는 트로이아인들의 공격을 더 이상 버텨 낼 수 없었다. 트로이아인들이 던지는 돌과 창, 쏘아 대는 화살이 계속 투구에 와 부딪혔고, 이를 막아 내느라 방패를 든 어깨는 힘을 잃기 시작했으며, 온몸이 점점 지쳐 갔다. 헥토르가 아이아스에게 다가가 그의 창을 칼로 내리쳐 부러뜨리자 그는 뒤로 물러설 수밖에 없었다. 아이아스와 그리스인들이 물러나자 트로이아인들은 함선 안으로 불을 던졌고, 마침내 함선은 불길에 휩싸였다.

불길을 발견한 아킬레우스는 파트로클로스를 재촉했다. 파트로클로스는 지체 없이 무장을 시작했다. 다리에 정강이받이를 대고, 가슴에 흉갑을 두르고, 청동 칼과 방패를 어깨에 메고, 머리에 투구를 썼으며, 두 자루의 창을 들고는 아우토메돈을 파트너로 골라 전차에 올랐다. 그리고 아킬레우스의 휘하에 있던 뮈르미돈인들이 그의 지시에 따라 무장을 하고 날고기를 뜯어 먹는 이리 떼처럼 전의에 타

올라 출전 준비를 마쳤다. 오십 척의 배를 타고 온 뮈르미돈인들은 모두 다섯 개의 부대로 나뉘어 있었고, 메네스티오스와 에우도로스, 페이산드로스, 포이닉스, 알키메돈이 각 부대를 지휘했다. 이들을 모두 정렬한 다음, 아킬레우스는 트로이아인들과 용기를 내어 싸우라고 격려하며 힘을 북돋아 주었다. 그리고 제우스에게 전우들의 승리와 무사한 귀환을 기원하는 기도를 올렸다. 파트로클로스와 뮈르미돈인들에게 승리를 안겨 주고, 방벽 바깥으로 트로이아인들을 몰아내고 무사히 돌아올 수 있게 해달라는 기도였다.

마침내 파트로클로스는 아킬레우스의 무장을 하고 뮈르미돈인들과 함께 전투에 참가했다. 그들은 말벌 떼처럼 몰려 나갔다. 파트로클로스는 외쳤다. "용사처럼 행동하라. 불길처럼 싸워라. 그래서 아킬레우스의 명예를 높이도록 하자. 아가멤논이 아킬레우스를 존중하지 않았던 잘못을 깨닫게 하자!" 그리고 트로이아인들을 향해 달려들었다. 아킬레우스의 무장을 한 파트로클로스는 또 다른 아킬레우스였다. 트로이아인들은 아킬레우스가 분노를 풀고 전투에 참여한 줄로 알고 두려움에 사로잡혔다.

파트로클로스는 창을 던져 제일 먼저 퓌라이크메스의 어깨를 맞혀 쓰러뜨렸고, 순식간에 트로이아인들을 몰아내고 함선을 절반쯤 집어삼킨 불길을 잡아 껐다. 트로이아인들은 물러났고, 그리스인들이 반격에 나섰다. 파트로클로스는 아레일뤼코스의 허벅지를 찔러 쓰러뜨렸다. 파트로클로스의 공격은 그리스 용사들의 반격에 불을 붙였다. 곧이어 메넬라오스는 토아스의 가슴을 찔러 죽였고, 퓔레우스의 아들 메게스는 암피클로스의 허벅지를 찔러 힘줄을 끊었다. 안틸로코스는 아튐니오스의 옆구리를 꿰뚫었고, 안틸로코스에게 달려들던 마리스를 트라쉬메데스가 어깨를 찔러 쓰러뜨렸다. 오일레우스의 아들 작은 아이아스는 클레오불로스의 목을 칼로 쳐서 힘을 풀어 놓았고, 페넬레오스는 뤼콘의 목을 칼로 쳐서 사지를 풀었다. 메리오네스는 아카마스의 어깨를 찔러 쓰러뜨렸고, 이도메네우스는 에뤼마스의 입을 찔러 머리통을 박살 냈다. 양 떼를 습격하는 잔혹한 이리 떼처럼 그리스 전사들은 트로이아의 전사들을 무차별적으로 쓰러뜨렸다. 트로이아인들은 전의를 상실한 채 달아날 생각만 했다. 선봉장인 헥토르가 그리스인들의 공격을 피해 방벽을 빠져나가자, 트로이아인들도 그를 따랐고 혼란스런 도주가 줄줄이 이어졌다. 파트로클로스는 그리스의 구원자로 우뚝 섰다.

그러나 이쯤에서 파트로클로스는 멈춰야 했다. 아킬레

우스가 말한 것도 바로 여기까지였다. 그러나 파트로클로스는 멈추지 않았다. 헥토르를 치고 싶었기 때문이었다. 전차를 몰고 호를 건너간 그는 트로이아군의 대열을 돌파해 나갔다. 그러나 헥토르는 이미 파트로클로스의 추격 범위를 벗어나 있었다. 이를 확인한 파트로클로스는 일단 뒤로 돌아 미처 호를 건너지 못한 트로이아인들을 함선 쪽으로 몰아붙였다. 맨 먼저 프로노오스의 가슴을 창으로 맞혀 그의 사지를 풀었다. 이어 테스토르의 오른쪽 어깨를 창으로 찔러 이빨 사이를 뚫었다. 세 번째로는 에륄라오스의 머리를 돌덩이로 쳐 박살 냈고, 곧바로 에뤼마스를 비롯해서 트로이아 전사 아홉 명을 쓰러뜨렸다. 거침없는 살육이었다. 파트로클로스를 누가 막아낼 수 있을까?

이때 제우스의 아들 사르페돈이 파트로클로스를 향해 달려들었다. 이를 보고 제우스는 깜짝 놀랐다. 자신이 아끼는 아들 사르페돈의 죽음을 예감했기 때문이었다. 그를 살려낼 수는 없을까? 하지만 헤라는 제우스를 저지하고 나섰다. 인간에게 정해진 운명을 제우스 멋대로 바꿀 수 없다는 것이었다. 인간의 운명은 누가 정하는 것인가? 제우스조차 거역할 수 없는 인간의 운명은? 결국 제우스는 사르페돈과 파트로클로스의 대결에 개입할 수 없었다. 둘이 서로 맞부딪히는 순간, 파트로클로스가 사르페돈의 파트너인 트라쉬멜로스의 아랫배를 찔러 쓰러뜨리자, 격분한 사르페돈은 파트로클로스를 향해 창을 던졌다. 그의 창은 파트로클로스를 맞히지 못하고 전차를 끄는 말의 오른쪽 어깨에 꽂혔다. 다시 사르페돈은 창을 던졌다. 그러나 창은 파트로클로스의 왼쪽 어깨 너머로 헛되이 날아가 버렸다. 이번에는 파트로클로스의 차례였다. 그는 창을 던졌고, 창은 쾌속으로 날아가 사르페돈의 심장 부근을 정확하게 맞혔다. 도끼에 베여 쓰러지는 나무처럼 사르페돈은 땅바닥으로 쓰러졌다. 파트로클로스는 창을 뽑아내면서 사르페돈의 목숨을 뽑아 버렸다.

이 장면을 목격한 글라우코스는 부상의 아픔을 딛고 헥토르를 찾아가 사르페돈의 죽음을 알리고, 파트로클로스를 상대로 맞서 싸울 것을 당부했다. 사르페돈의 죽음에 화가 난 헥토르는 트로이아인들을 이끌고 파트로클로스 쪽으로 나아갔다. 그리스인들 쪽에는 두 아이아스가 가세했다. 이렇게 해서 사르페돈의 시신을 둘러싸고 밀고 밀리는 격렬한 전투가 다시 벌어졌다. 이 와중에 뮈르미돈인들의 가장 뛰어난 전사 중 하나였던 에페이게우스가 쓰러졌다. 헥토르가 돌덩이로 그의 머리를 박살 냈던 것이다. 한편 파트로클로스는 스테넬라오스의 목을 돌덩이로 쳐서 힘줄을 끊어 버렸다. 그러자 트로이아의 동맹군

뤼키아인들의 지휘관 글라우코스는 창으로 바튀클레스의 가슴을 꿰뚫었다. 장군 멍군 식으로 양쪽의 전사들이 번갈아 쓰러져 갔다. 그리스 쪽의 메리오네스는 라오고노스를 죽였다. 트로이아 쪽의 아이네이아스는 메리오네스에게 창을 던졌으나, 메리오네스는 재빠르게 창을 피했다. 쓰러진 전사의 시신을 두고 왜 이렇게 격렬하게 양쪽이 싸우는 것일까? 몸은 곧 그 사람 자체였기에, 시신에 대한 모욕은 그 사람과 그의 친구에 대한 모욕이나 다름없었기 때문이다. 시신을 지키는 것은 곧 그를 지키는 것과 같았고, 적군의 시신을 빼앗아 짓밟고 개와 새에게 뜯기도록 모욕하는 것은 적을 철저하게 압도하는 것이었다.

격렬하게 싸우는 동안 사르페돈의 시신은 짓이겨지고, 피와 먼지로 뒤덮였다. 하지만 파트로클로스의 활약으로 전세는 점점 그리스인들 쪽에 유리하게 기울었다. 헥토르조차 전차를 타고 달아나기 시작했고, 뤼키아인들도 사르페돈의 시신을 버리고 트로이아인들을 따라 달아나기 시작했다. 하지만 제우스는 비록 사르페돈의 생명을 지켜주지는 못했지만, 시신만은 구해 냈다. 제우스의 명령에 따라 아폴론이 나아가 사르페돈의 시신을 구해 냈고, 깨끗하게 씻긴 뒤에 뤼키아인들의 땅으로 옮겨 놓았다. 시신마저 짓밟히게 할 수는 없었던 것이다.

파트로클로스와 아우토메돈은 트로이아인들과 뤼키아인들을 다시 추격하기 시작했다. 파트로클로스의 위력은 여전히 대단했다. 맨 먼저 아드라스토스를 죽인 후에 계속해서 여덟 명의 전사를 처치하고 일리오스 성벽까지 트로이아인들을 몰아붙였다. 그는 넘어서는 안 될 선을 이미 넘어섰다. 아킬레우스가 당부한 대로 그는 트로이아인들을 방벽 바깥으로 몰아내고 돌아왔어야 했는데, 그는 계속 추격을 시도했으며, 트로이아의 성벽을 타고 있었다. 그는 최고의 전사로 빛났고, 그가 오를 수 있는 절정에 서 있었다. 그의 돌진을 막을 수 있는 사람은 오직 헥토르뿐이었다.

아시오스의 모습으로 나타난 아폴론의 격려에 힘입어 헥토르는 파트로클로스와 맞서기 위해 달려 나갔다. 아킬레우스의 무장을 입고 서 있는 파트로클로스. 그는 아킬레우스의 대리인이었다. 아킬레우스 대신에 아킬레우스의 무장을 입은 파트로클로스와 트로이아 최고의 전사 헥토르의 대결이었다. 파트로클로스는 돌과 창을 들고 헥토르를 기다렸다. 적당한 거리로 다가오자 파트로클로스는 돌을 던졌다. 돌은 헥토르 옆에서 말을 몰던 케브리오네스의 얼굴을 맞혔고 두개골을 부쉈다. 쓰러진 케브리오네스를 둘러싸고 헥토르와 파트로클로스는 죽은 암사슴을 놓고 싸우는 두 마리 사자들처럼 으르렁거렸다. 헥토르는 재빨리 파트로클로스의 머리를 잡았고, 이에 지지 않고 파트로클로스는 헥토르의 발목을 잡았다.

그들이 뒤엉켜 싸우는 동안, 그리스인들과 트로이아인들도 격렬한 전투를 벌였다. 다시 헥토르로부터 떨어져 나간 파트로클로스는 아홉 명의 트로이아 전사를 죽이며 그리스인들의 승기를 굳혀 가고 있었다. 그러나 그것은 운명을 넘어서는 일이었다. 인간은 정해진 운명을 넘어설 수는 없었다. 신은 인간이 정해진 운명을 넘어서는 것을 용납하지 않는다. 신은 인간들이 주어진 운명대로 살도록 통제하고 섭리해 나가는 법이나 마찬가지였다. 인간들이 그 운명과 한계를 넘어서려는 순간, 신은 개입하게 되어 있다. 그것이 호메로스 세계에 나타나는 신들의 행동 원칙이다.

아폴론의 개입은 당연한 일이었다. 그는 파트로클로스 뒤로 가서 등과 어깨를 내리쳤다. 머리에서 투구를 벗겨 냈으며, 손에 들고 있던 긴 창은 산산조각을 냈고, 방패는 멜빵과 함께 떨어지게 만들었으며, 흉갑을 풀어 떨어지게 했고, 마음의 눈을 멀게 하고 사지의 힘을 풀었다. 아폴론은 파트로클로스를 무방비 상태로 무력하게 만들었던 것이다. 신 앞에서 인간은 그렇게도 무력한 존재인가? 어쩌면 파트로클로스는 숱한 트로이아의 전사들과 대결하느라 모든 힘을 소진한 상태였을지도 모른다. 헥토르와 뒤엉켜 접전을 벌이는 동안 무장이 하나씩 풀리면서 해제되었던 것은 아닐까? 파트로클로스를 제압해 나가는 헥토르의 위용은 어쩌면 아폴론으로 표현되어야 할 만큼 대단한 것이었을지도 모른다. 호메로스가 그려 내는 아폴론은 파트로클로스를 무력화시키는 헥토르의 초인적이며 신비한 힘을 형상화한 것이다.

떨어진 투구를 헥토르가 집어 썼다. 곁에 있던 에우포르보스가 파트로클로스의 등을 창으로 꿰뚫고는 다시 물러났다. 깊은 상처를 입은 파트로클로스는 물러나려 했으나, 헥토르가 그대로 둘 리 없었다. 헥토르는 대열을 헤치고 다가가 창으로 파트로클로스의 아랫배를 찔러 꿰뚫었다. 마침내 사자에게 제압되는 멧돼지처럼 파트로클로스는 쓰러졌다. 그는 헥토르에게 외쳤다. "너도 죽게 되리라, 아킬레우스의 손에." 그렇게 파트로클로스는 죽음을 맞이했다. 헥토르는 담담하게 그의 시신에 발을 얹고 창을 뽑으며 최고의 전사로 우뚝 솟았다.

제17권

파트로클로스의 시신을 둘러싼 전투

파트로클로스에게 최초의 일격을 가했던 판타오스스의 아들 에우포르보스가 이번에는 메넬라오스에게 덤볐다. 창으로 공격했으나 메넬라오스는 방패로 막으면서 곧바로 역습에 나서 창으로 에우포르보스의 목을 찔러 쓰러뜨렸다. 에우포르보스가 쓰러지면서 무장이 땅에 부딪쳐 요란한 소리를 냈다. 쓰러진 에우포르보스의 무장을 벗기는 메넬라오스에게 헥토르가 불길처럼 달려들었다. 메넬라오스는 헥토르를 보고 일단 뒤로 물러났다. 그사이 헥토르는 파트로클로스의 무구를 벗겨 전우들에게 맡겼고, 때마침 달려든 아이아스는 재빨리 방패로 파트로클로스의 시신을 가린 채 버티고 섰다. 헥토르는 트로이아인들에게 그리스인들과 격렬하게 싸울 것을 명령한 후에 싸움터에서 벗어나 자신이 조금 전에 벗겨 낸 파트로클로스의 무장을 입었다. 애초에 아킬레우스의 것이던 무장은 파트로클로스에게로, 그리고 이번에는 적장 헥토르에게로 간 것이었다.

> 헥토르의 몸매 위에 무구들이 딱 맞았다. 아레스가 그에게 들어갔다,/ 무서운 에뉘알리오스가. 그의 사지가 부풀어 올랐다, 그 속에/ 투지와 힘이 차서. 명성이 자자한 동맹군들 사이로/ 갔다, 큰 소리를 지르며. 그들 모두에게 나타났다,/ 기백이 당당한 펠레우스 아들의 무구로 번쩍거리며.(17권 210-214행)

파트로클로스를 처치하고 아킬레우스의 무구를 입은 헥토르는 눈부시게 돋보이는 모습으로 다시 전쟁터에 나타나 트로이아인들을 격려했다. 힘으로 충만한 트로이아인들과 동맹군들은 파트로클로스의 시신을 향해 맹렬하게 돌진했다. 이에 맞서 텔라몬의 아들 아이아스가 메넬라오스를 부르고, 메넬라오스는 오일레우스의 아들 아이아스와 이도메네우스, 메리오네스를 불러 모으면서 격렬한 접전이 새롭게 시작되었다.

먼저 트로이아인들이 그리스인들을 밀어내고 파트로클로스의 시신을 끌고 갔다. 그러자 텔라몬의 아들 아이아스가 멧돼지처럼 달려들어 다시 파트로클로스의 시신

주변을 둘러쌌다. 트로이아군의 힙포토오스가 파트로클로스의 발을 줄로 묶어 끌고 가려 하자, 아이아스는 그의 머리를 창으로 내리쳐 관통시켰고 그는 맥없이 엎어졌다. 그러자 헥토르가 아이아스를 향해 창을 던졌다. 아이아스는 간신히 창을 피했으나, 창은 그대로 날아가 스케디오스의 쇄골을 박살 냈다. 반격에 나선 아이아스가 창으로 포르퀴스의 배를 찢으니 배에서 내장이 땅바닥으로 쏟아졌다. 그러자 헥토르가 주춤거리며 물러섰다.

그 와중에 밀고 밀리는 접전이 치열하게 계속되었다. 트로이아인들 가운데서는 아이네이아스가 나서서 레이오크리토스를 창으로 찔러 쓰러뜨렸다. 레이오크리토스의 전우 뤼코메데스가 비통한 마음으로 던진 창은 힘차게 날아가 아피사온의 간을 뚫었다. 이에 아피사온의 전우 아스테로파이오스가 슬퍼하며 뛰어들었으나 그리스인들의 저항에 부딪혀 물러서야 했다. 파트로클로스의 시신을 두고 그리스인들과 트로이아인들이 펼친 참혹한 공방전에서 숱한 사람들이 쓰러졌으며, 그들이 흘린 피가 대지를 적셨다.

그런데 모든 사람들이 파트로클로스의 죽음을 알고 있었던 것은 아니다. 시신을 두고 공방전이 벌어지는 곳에서 떨어져 싸우고 있던 트라쉬메데스와 안틸로코스를 비

못해, 그 누구보다도 아킬레우스가 아직 그 사실을 알지 못했다. 파트로클로스를 태우고 전투에 참여했던 아킬레우스의 두 마리 말들조차 파트로클로스의 죽음을 애도하며 움직이려 하지 않았지만, 정작 파트로클로스와 가장 가까웠던 전우 아킬레우스는 파트로클로스가 살아 돌아오리라는 희망을 품고 있었다.

이때 제우스는 트로이아인들이 좀 더 많은 그리스인들을 살육할 수 있기를 바라고 있었다. 파트로클로스를 태우고 말을 몰던 아우토메돈은 격투의 현장으로 다시 독수리처럼 뛰어들었다. 아우토메돈은 전차를 알키메돈에게 넘기고 전차에서 내려 싸우려 했다. 이 모습을 본 헥토르와 아이네이아스는 아레토스와 크로미오스를 데리고 아킬레우스의 전차와 말을 탈취하려고 달려들었다. 이에 아우토메돈이 트로이아인들을 향해 던진 창은 아레토스의 방패를 관통하여 아랫배에 꽂혔고 그의 사지는 풀렸다. 그러자 헥토르가 아우토메돈을 향해 창을 던졌는데, 창은 빗나가 땅에 꽂혔다. 헥토르와 아이네이아스와 크로미오스는 일단 물러났다.

제우스의 명에 따라 아테나가 개입하여 메넬라오스에게 힘을 불어넣자, 그는 물러설 줄 모르는 끈질긴 파리처럼 파트로클로스의 시신을 향해 달려들어 창을 던졌다.

그 창은 날아가 포데스를 쓰러뜨렸다. 메넬라오스는 결국 파트로클로스의 시신을 트로이아인들의 손아귀에서 끌어내어 그리스인들에게 넘길 수 있었다.

맞은편에서는 아폴론이 헥토르를 격려했고, 제우스가 번개와 천둥을 치며 트로이아인들에게 승리를 내렸다. 제우스는 아테나를 그리스인들에게 보내는 한편, 트로이아인들에게는 승리의 전조를 보냈던 것이다. 폴뤼다마스는 창으로 페넬레오스의 어깨에 부상을 입혔고, 헥토르는 레아토스의 손목에 부상을 입혔다. 이도메네우스의 창 공격은 헥토르를 치는 순간 창목이 부러지며 실패했다. 헥토르는 곧 이도메네우스에게 창을 던졌는데 빗나간 창은 코이라노스를 맞혔다. 그의 귀밑 턱을 맞힌 창은 이빨을 튕겨내고 혀를 잘랐다. 헥토르의 공격은 위력적이었다. 던지는 대로 백발백중이었고, 그리스 전사들은 공포에 휩싸였다. 그 순간 그들에게는 펠레우스의 아들 아킬레우스가 절실하게 필요했다. 헥토르가 강하면 강할수록 아킬레우스에 대한 필요성은 더욱 커져 갔다. 메넬라오스는 안틸로코스를 찾았고, 파트로클로스의 죽음과 아킬레우스의 무장을 입고 맹활약하고 있는 헥토르에 관한 이야기를 아킬레우스에게 전하라고 명령했다.

다시 돌아온 메넬라오스는 메리오네스와 함께 파트로

클로스의 시신을 들어 올려 그리스 진영으로 옮기려 했다. 이를 막기 위해 상처 난 멧돼지를 노리는 개 떼처럼 달려드는 트로이아인들을 막아 낸 것은 두 아이아스였다. 하지만 결국 헥토르와 아이네이아스를 선봉으로 내세운 트로이아인들의 거칠고 강력한 공격에 그리스인들은 전의를 잃고 달아나기 시작했다. 성벽에서 호와 방벽 주변으로 격전장이 다시 옮겨지게 되었다. 아킬레우스의 옷을 입은 헥토르는 트로이아의 '아킬레우스'로서 그 위력을 키워 나가고 있었고, 이제 아킬레우스의 참전은 초읽기에 들어갔다.

제18권

아킬레우스의 두 번째 진노와 새로운 무구들

메넬라오스의 명령에 따라 안틸로코스는 파트로클로스의 전사 소식을 아킬레우스에게 전하러 갔다. 그를 본 아킬레우스는 불길한 예감에 사로잡혔다. 파트로클로스가 죽은 것이 분명하다! 안틸로코스는 아킬레우스에게 와서 파트로클로스가 죽은 것과 아킬레우스의 무장을 헥토르가 탈취해 입고 있다는 사실을 알려 주었다. 이 소식을 접한 아킬레우스는 슬픔의 먹구름에 뒤덮였다. 먼지로 얼굴을 더럽히고, 재를 뿌려 옷을 더럽히고, 큰대자로 눕더니 머리를 뜯으며 큰 소리로 울부짖었다. 주위에 있던 하녀들과 안틸로코스도 눈물을 흘리며 함께 울음을 터뜨렸다.

아킬레우스의 울부짖는 소리는 바다 깊숙이까지 울려 퍼졌고, 바다 깊은 곳에 있던 테티스가 아들의 울부짖음을 듣고 날카로운 비명을 질렀다. 네레우스의 모든 딸들이 그녀 주변에 몰려들었고, 함께 바다를 가르고 땅 위로 올라왔다. 테티스는 아킬레우스에게 왜 우느냐고 물었다. 아킬레우스는 파트로클로스가 죽었기 때문이라고 대답했다. 그리고 자신의 탄생에 대한 원망과 함께 죽음을 각오하고 나가 싸울 것을 다짐했다.

아킬레우스는 헥토르에 대한 적개심과 친구의 죽음에 대한 분노로 활활 타올랐다. 아가멤논에게서 모욕을 당하고 뿜어냈던 분노와는 전혀 다른 새로운 분노였다. 전날의 분노를 후회하게 만들 만큼 두 번째 분노는 더욱 강력했다. 테티스는 아들의 뜻을 무시할 수 없었고, 아들에게 새로운 무장을 약속했다. 그리고 자매들에게 이렇게 말했다.

> 그대들은 이제 들어가라, 바다의 넓은 품으로/ 찾아뵈어라, 바다의 연로하신 아버지와 그분의 집을/ 그분께 모든 것을 아뢰라. 내가 높은 올륌포스로/ 갈 거라고, 이름난 기술자 헤파이스토스에게, 그가 기꺼이/ 내 아들을 위해 유명하고 찬란한 무구들을 줄까 해서./ 이렇게 말하자, 여신들은 바다의 파도 아래로 곧장 들어갔다./ 은빛 발의 테티스 여신은 다시 올륌포스로,/ 갔다, 사랑하는 아들에게 유명한 무구들을 갖다주려고.(18권 140-147행)

하늘과 맞닿아 있는 올림포스로 날아간 테티스와 깊은 바닷속으로 자맥질해서 들어간 그 자매들의 동선을 따라 아킬레우스의 분노와 슬픔, 울부짖음은 전 우주적인 울림을 얻게 되었다. 아가멤논에게 모욕을 당한 아킬레우스가 울부짖었을 때 바다 깊은 곳에서 나타난 테티스가 올림포스로 올라갈 때보다 그 울림은 더 크게 느껴진다.

그러는 동안 전쟁터의 상황은 어떠했을까? 그리스인들은 헥토르를 적절하게 막아냈을까? 아니었다. 오히려 그리스인들은 헥토르의 위력에 밀려 함선들 쪽으로 퇴각하고 있었다. 헥토르는 포기할 줄 모르고 파트로클로스의 시신을 끌어내려고 했다. 그가 파트로클로스의 발을 잡고 당기면, 두 아이아스가 그를 쳐내곤 했다. 그러기를 세 번이나 반복했다. 마침내 헥토르가 파트로클로스의 시신을 끌고 가서 커다란 영광을 얻고, 그리스인들에게는 씻을 수 없는 치욕을 안겨 줄 것만 같았다.

하지만 이는 실현되지 않았다. 제우스 몰래 헤라가 이리스를 아킬레우스에게 보냈기 때문이었다. 이리스 여신은 아킬레우스에게 당장 나서서 파트로클로스의 시신을 구하라고 명령을 내렸다. 무장이 없는 상태니 일단 호 쪽으로 나가 모습만이라도 보여 트로이아인들을 위협하라고 했다. 아킬레우스는 거역하지 않았다. 그렇게 해서 파트로클로스의 시신이라도 구해 낼 수 있다면!

아테나는 아킬레우스의 어깨에 아이기스라는 무시무시한 방패를 걸쳐 주었고, 머리에 황금 구름을 두르고 번쩍이는 불길이 타오르게 했다. 아킬레우스의 머리에서는 광선이 뿜어져 나와 천공에 닿았다. 그가 소리를 지르자 아테나가 메아리를 쳐주어 또렷하게 울려 퍼지게 했다. 마침내 전쟁터에 나타난 아킬레우스는 그렇게 엄청난 모습으로 사람들을 압도했다. 아킬레우스의 모습과 고함소리에 놀란 트로이아인들은 혼비백산했고, 마침내 그리스인들은 파트로클로스의 시신을 안전하게 구해 낼 수 있었다. 찢겨진 시신을 보고 아킬레우스는 견딜 수 없이 큰 슬픔에 또다시 나뒹굴었다.

밤이 되자 전투는 중단되었다. 아킬레우스의 갑작스런 등장에 놀라 도망친 트로이아인들은 회의를 열었다. 예언자 폴뤼다마스는 아킬레우스가 전장에 복귀했으니 사태를 낙관하기 어려워진 만큼 일단 도성으로 돌아가 튼튼한 성벽에 의지하며 싸워야 한다고 역설했다. 그러나 헥토르는 이에 찬성하지 않았다. 더 이상 성벽 안에 갇혀 싸울 수는 없다는 것이었다. 일단 식사를 하고 몸을 추스른 다음, 날이 새는 대로 곧바로 함선 안으로 밀고 들어가야 한다고 주장했다. 트로이아인들은 헥토르의 패기 넘치는 말에 환호했다.

한편 그리스인들은 파트로클로스의 죽음을 애도했다. 특히 아킬레우스는 새끼들을 도둑맞은 어미 사자처럼 울부짖었다. 그를 따라 죽어 지하 세계로 갈 것인즉, 그전에 헥토르를 반드시 죽이고 원수를 갚겠다고 이를 악물었다. 트로이아인들은 물론이고 그 동맹군들과 그들의 여인들까지 처절하게 피눈물을 흘리게 만들 것이라고 이를 갈았다. 그런 다음 따뜻한 물로 파트로클로스의 시신을 씻기고 올리브유를 바른 뒤 상처에 약을 바르고 고운 천으로 조심스럽게 싸서 덮었다. 이제 아킬레우스는 일어서서 전장으로 나가게 될 것이다. 제우스가 헤라를 향해 그렇게 말했던 것처럼.

한편 올림포스로 올라간 테티스는 헤파이스토스를 찾아갔다. 테티스는 아킬레우스와 관련된 모든 일들을 이야기하며, 아들을 위해 새로운 무구를 만들어 달라고 부탁했다. 지난날 테티스가 자신을 구해 준 것을 고마운 일로 기억하고 있던 헤파이스토스는 테티스의 부탁에 따라 아킬레우스가 사용할 새로운 무구를 정성껏 만들었다. 제일 먼저 방패를 만들었는데, 둥근 모양에 기막힌 솜씨로 세계의 모습을 새겨 넣었다. 맨 먼저 방패의 중앙에는 땅과 하늘과 바다, 그리고 태양과 달을 비롯한 별들을 하늘에 둘러 넣었다. 중앙의 그림이 인간의 손길이 닿지 않은 상태의 자연을 그린 것이라면, 그 그림을 둘러싸고 이어지는 그림은 인간 세계를 담고 있었고 이는 크게 도시와 농촌으로 나누어졌다. 그 가운데 먼저 도시가 둘로 나누어졌다. 첫 번째 도시는 평화로운 모습, 즉 전쟁이 없는 모습이었다. 평화로운 도시의 모습은 다시 결혼식 장면과 재판장 장면으로 나뉘었다. 결혼식이 원초적인 사랑과 화합, 조화를 상징한다면, 재판장은 논쟁과 갈등, 분쟁을 상징한다. 이처럼 평화로운 도시도 화합과 분쟁으로 나뉘어 있었다. 물론 평화의 도시에서 갈등은 현명한 판단에 의해 평화로운 결말을 예고하고 있긴 했다. 결혼식과 재판장의 결합으로 이루어진 평화의 도시와 맞물려 전쟁에 휩싸인 두 번째 도시가 방패에 새겨졌다. 전쟁을 벌이고 있는 양측 군대 역시 두 가지 생각으로 갈린다. 즉, 타협의 여지 없이 적을 완벽하게 압도하여 도시를 함락할 것인가? 아니면 철저한 투쟁에서 한 걸음 물러나 타협의 여지를 두고 협상할 것인가? 평화의 도시에도 갈등의 장면이 포함된 것처럼, 전쟁의 도시에도 평화로운 타협의 여지를 남겨 둔 것이다. 물론 전쟁의 도시에는 처절한 전투와 극단적인 파멸이 예고되고 있긴 했지만.

도시의 외곽에는 농촌의 풍경이 그려졌다. 농부들이 밭

을 갈고 포도주를 즐기는 평화로운 자영농지에 이어, 군주와 일꾼들이 평화롭게 어우러져 추수하는 군주의 영지가 그려졌다. 그리고 자영농지와 영주의 농지에 이어 포도송이가 풍성한 과수원이 그려졌다. 그곳에는 음악이 곁들어지며 젊은 남녀가 어우러져 수확을 하는가 하면 춤을 추고 노래하는 흥겨운 장면이 넘쳐 났다. 여기까지는 평화로운 분위기가 압도적이었다. 하지만 여기에서 그치지 않았다. 목동 넷이서 날렵한 개 아홉 마리를 데리고 소 떼를 몰고 들판을 향해 가는 장면이 그려지고, 여기에 사자 두 마리가 황소를 노리고 달려들면서 개들과 목동들까지 합세해 혈투를 벌이는 장면이 그려지면서 갈등과 긴장이 고조된다. 그런데 한적한 들판에 자리 잡은 양들의 축사가 그려지면서 혈투의 긴장은 갑자기 마무리되어 버렸다. 그리고 다시 젊은 총각들과 처녀들이 결혼식 분위기를 띄우며 음악에 맞추어 춤추는 무도장이 전체의 분위기를 압도해 나갔다.

그런데 그것이 전부는 아니었다. 화관을 쓰고 있는 처녀들에 비해, 청년들은 칼을 차고 있었기 때문이다. 젊은 남자들의 칼이란 언제든 출정 신호가 울리면 전쟁터로 나가든가, 가축 떼를 덮치는 야수들을 처치하러 뛰어나갈 준비가 되어 있음을 암시했다. 평화롭고 흥겹고 경쾌한 무도장의 활기찬 분위기에도 전쟁과 투쟁에 대한 공포와 각오의 긴장이 서려 있었다. 평화를 지키기 위해 언제든 죽음이 도사리는 전쟁터를 향해 뛰어나가야 하는 젊은 남자들의 미칠 것 같은 운명과, 그들을 전쟁터로 보내고 안전한 귀환과 승리를 애타게 기원해야 하는 젊은 여자들의 미칠 것 같은 운명이 역설적이게도 흥겨운 춤사위와 열정적인 리듬의 음악 속에서 평화와 환희로 발산되고 있었다.

자연 세계와 인간 세계의 모습을 다 그리고 난 헤파이스토스는 가장 바깥쪽에 오케아노스를 새겨 넣었다. 오케아노스란 세계의 끝이다. 그곳 바깥으로는 아무것도 없으며, 그곳을 넘어서면 인간은 죽음의 세계, 망자의 세계, 어둠의 세계, 하데스의 세계로 들어가야 한다. 그곳은 밝음의 세계 밑에 깔린 지하 세계일 것이다.

《일리아스》의 세계는 전사들의 세계며, 전사들이 목숨을 걸고 싸우는 아찔한 전쟁의 세계다. 그곳에서 전사들은 목숨을 걸고 삶을 쟁취하며, 죽어도 죽지 않는 영원한 명성과 명예를 추구하며 죽음의 음산한 미소와 싸운다. 그러나 호메로스는 《일리아스》에서 그려지는 전쟁의 세계에 평화의 도시를 맞닿게 하고, 그 주위로 농촌과 자연의 풍경을 두르며, 하늘과 땅과 바다와 해, 달, 별을 가운데 새겨 넣었다. 세계란 전쟁터만 있는 것이 아니며, 그렇게 넓은 곳임을 파노라마로 보여 준다. 지금 이곳《일리아스》의 세계에서는 전쟁이 한창이지만, 전쟁터로 오기 전에 전사들이 어디에 있었는지, 그리고 전쟁이 끝나고 나면 그들이 어디로 돌아갈 것인지를 보여 주며 세계를 통합적으로 보여 주고 있다. 그곳에 신들은 제외되어 있고, 오로지 인간들의 세계만이 그려져 있어 흥미로운 대조가 엿보인다. 인간 호메로스가 그린《일리아스》 속의 세계는 전사들의 전쟁이 펼쳐지는 세계요, 신들이 가득한 세계이지만, 신인 헤파이스토스가 그린 방패 속 세계는 전쟁을 넘어서 넓게 펼쳐지는 세계요, 인간들만의 세계였다.

> 헤파이스토스가 크고 튼튼한 방패를 만든 다음,/ 만들었다 그를 위해, 불꽃보다도 더 빛이 나는 흉갑을,/ 만들었다 그를 위해, 관자놀이에 잘 맞는 강한 투구를,/ 아름답고 정교하게, 위에는 황금 볏슬을 달았고,/ 만들었다 그를 위해, 얇지만 고품질의 경갑을./ 모든 무구를 유명한 절름발이 신이 완성한 다음,/ 아킬레우스의 어머니 앞으로 들고 와 내려놓았다./ 그녀는 송골매처럼 뛰어내렸다, 눈 덮인 올림포스 아래로/ 번쩍이는 무장을 헤파이스토스에게서 받아 들고서.(18권 609-617행)

제19권

아가멤논과의 화해와 아킬레우스의 출정

새벽의 여신 에오스가 오케아노스의 흐름에서 일어나 창공에 나타났다. 파트로클로스의 죽음으로 슬픔에 잠긴 날이 지나고 새로운 날이 밝았다. 테티스는 헤파이스토스가 만들어 준 새로운 무장을 들고 하늘에 맞닿은 올림포스로부터 땅 위로 내려와 아킬레우스를 찾았다. 그는 여전히 친구의 죽음을 슬퍼하며 눈물을 흘리고 있었다. 테티스는 그의 앞에 새로운 무장들을 내려놓았다. 그리고 아가멤논에 대한 분노를 거두고, 무장을 하고 전투에 나갈 준비를 하라고 일렀다.

아킬레우스는 소리를 크게 질러 모든 그리스인들을 다시 회의장으로 소집했다. 그리스인들에게 아폴론의 저주가 내렸을 때, 이를 해결하기 위해 회의를 소집했던 이후 처음이었다. 그때 아킬레우스는 아가멤논에게 모욕을 당하고 분노했었는데, 새롭게 소집한 회의에서는 아가멤논과 화해를 선언하고 첫 번째 분노를 거두어들일 판이었다.

디오메데스와 오뒷세우스를 비롯해서 그리스인들의 사령관들이 모였고, 마지막으로 아가멤논도 왔다. 아킬레우스는 아가멤논과 싸우고 분노했던 과거를 후회하고 분노를 거둘 것이며, 아가멤논과 화해할 것을 공식적으로 선언했다. 아가멤논은 기뻐했다. 그리고 자신의 과오를 인정하면서 신들이 자신의 마음에 거친 광기를 보냈고, 미망의 여신에 눈이 멀었노라고 고백했다. 지난날의 과오를 사죄하고 그에 합당한 보상금을 내놓겠다고 약속도 했다. 그것은 이미 오뒷세우스가 사과의 사절로 아킬레우스를 찾아갔을 때 약속한 바였다. 아킬레우스는 기꺼이 이를 받아들였고, 곧바로 나가 싸울 것을 다짐했다.

오뒷세우스는 전투를 재개하기 전에 먼저 병사들이 포도주와 음식을 충분히 먹고 전의를 다질 수 있도록 화해의 성찬을 베풀고, 아가멤논이 약속한 선물을 회의장으로 가져와 아킬레우스에게 전달하자고 제안했다. 아가멤논은 기꺼이 오뒷세우스의 제안을 받아들이고 곧 실천에 옮길 것을 명령했으나, 아킬레우스는 친구가 죽은 채로 누워 있는데 사과의 성찬을 즐기는 것은 내키지 않는다며 괴로운 심정을 토로했다. 당연한 일이었다. 친구의 원수를 갚지 못한 상태에서 음식과 포도주가 그의 목으로 넘아갈 리 없으며, 아가멤논의 선물을 받고 즐거워할 마음이 조금도 없었기 때문이다. 오뒷세우스는 아킬레우스를 달래며, 군사들이 충분히 먹고 마시고 쉬어야 전투를 잘 할 수 있다는 사실을 상기시켰다.

오뒷세우스는 전사 다섯 명을 데리고 아가멤논의 막사로 가서 약속된 선물들과 아가멤논이 빼앗아 갔던 브리세이스를 데려왔다. 선물들을 모아 놓고 아가멤논은 수퇘지를 잡아 제우스에게 기도를 올리면서, 브리세이스를 손댄 적이 없다고 공개적으로 선언했다. 아킬레우스는 아가멤논의 사과와 선물을 받아들였고, 오뒷세우스가 제안한 대로 식사를 하자고 했다. 곧 회의는 해산되었다. 뮈르미돈인들은 아가멤논이 제공한 화해의 선물을 아킬레우스의 막사로 옮겼고, 브리세이스도 데려왔다.

돌아온 브리세이스는 싸늘한 시신으로 누워 있는 파트로클로스를 보고 온몸을 쥐어뜯으며 슬퍼했다. 그가 자신에게 베푼 따뜻한 친절을 기억했던 것이다. 그러자 다른 여인들도 따라 울며 파트로클로스에 빗대어 자신들의 신세를 한탄했다. 한편 아킬레우스는 슬픔과 분노로 괴로워하며 아무것도 먹으려 하지 않았다. 아트레우스의 두 아들 아가멤논과 메넬라오스를 비롯해 오뒷세우스와 네스토르, 이도메네우스, 포이닉스가 아킬레우스를 위로했으나 소용이 없었다. 그에게 파트로클로스의 죽음은 아버지 펠레우스의 죽음이나 아들 네오프톨레모스의 죽음보다도 더 슬픈 일이었기 때문이다. 그의 말에 주위에 있던 사람들은 집에 두고 온 식구들을 생각하며 함께 슬퍼했다. 모두들 떠나온 가족이 있고, 돌아갈 집이 있는 사람들이었다. 그들은 그런 그리움을 가슴에 묻어 둔 채 죽음과 승리와 전쟁만을 생각하며 전우애로 똘똘 뭉쳐 있었다. 한편 아테나는 제우스의 독려에 따라 땅으로 내려와 아킬레우스의 몸이 허기(虛氣)에 상하지 않도록 암브로시아와 넥타르를 가슴에 넣어 주며 돌봐 주었다.

식사를 마치고 원기를 회복한 그리스인들은 북풍의 세찬 바람에 쓸려 쏟아져 내리는 눈송이처럼 함선에서 쏟아져 나왔다. 아킬레우스도 무장을 했다. 다리에 아름다운 경갑을, 가슴에 흉갑을 두르고 청동 칼과 빛을 뿜어내는 견고한 방패를 어깨에 멨다. 머리에는 투구를 쓰고, 마지막으로 오직 아킬레우스만이 휘두를 수 있는 창을 들었다. 새로운 무구는 날개처럼 그를 가볍게 해주었다. 그는 아우토메돈이 이끄는 전차에 올라탔다. 모든 준비는 끝났다. 마침내 아킬레우스가 전투에 참여하는 순간이었다.

최고의 전사로서 전쟁의 무대에서 빛날 아킬레우스의 출정 장면은 눈부셨다. 하지만 전차를 끄는 신마(神馬) 크산토스는 눈부신 아킬레우스의 모습에 죽음의 어두운 그림자를 드리웠다. “저희는 서풍의 입김과 함께 달릴 것입니다. 하지만 그대 자신에게는 한 명의 신과 한 명의 용사에게 강력하게 압도당하는 운명이 몫으로 주어질 것입니다.” 이미 죽음을 각오하고 나서는 아킬레우스에게 그런 말은 문제가 되지 않았다. 그도 안다, 자신이 곧 죽는다는 것을. 어차피 모든 사람은 언젠가는 죽기 마련이다. 아무리 화려하고 강력한 전사라도 그의 뒤에는 죽음의 그림자가 드리워져 있는 법이다. 그 그림자가 없다면 인간이 아니라 신일 터. 아킬레우스는 그것을 알고 있는 전사였다. 하지만 죽음의 그림자가 짙을수록, 그 그림자를 딛고 서 있는 전사의 전면은 찬란하게 빛나는 법이다. 그 찬란함, 그것만이 영원히 남을 것이다. 몸은 죽어 쓰러지지만, 몸을 입고 뿜어내던 빛나는 활약은 영원히 사라지지 않는 전설과 신화로 사람들의 기억 속에 길이길이 남을 것이며, 그의 명성은 아침 햇살의 광채처럼 온 땅에 두루두루 퍼져 나갈 것이다. 아킬레우스는 그것을 잘 알고 있었다. 아킬레우스는 소리를 지르며 전차를 몰아 선두 대열로 나섰다. 질주하는 그에게 거칠 것은 없었다.

제20권

신들의 참전과
아킬레우스의 거침없는 돌진

아킬레우스가 이끄는 그리스인들이 몰려오고 있을 때, 그 맞은편 들판 언덕에는 트로이아인들이 모여 있었다. 격돌이 예상되는 순간, 하늘과 잇닿아 있는 올림포스산에서 제우스가 신들의 회의를 소집했다. 오케아노스를 제외하고 강의 신들을 비롯해 숲과 샘과 초원의 요정들까지도 모두 모였고, 바다의 신 포세이돈도 올라왔다. 그동안 신들이 전투에 개입하는 것을 금지했던 제우스가 신들을 모은 이유는 무엇이었을까? 제우스는 말했다. "이제 그대들은 트로이아인들과 그리스인들을 찾아가 마음에 내키는 대로 도와줘도 좋다." 아킬레우스가 전투에 참여하자마자, 전투는 인간들의 격돌에 그치지 않았고, 신들까지 참여함으로써 전 우주적이고 전 존재적인 차원의 전투로 확대되는 것이었다. 아킬레우스의 참전은 그렇게 커다란 울림을 갖고 있었다.

신들은 모두 땅으로 내려가 양쪽으로 갈라졌다. 그리스인들 쪽으로는 헤라와 아테나, 포세이돈, 헤르메스 그리고 헤파이스토스가 달려갔고, 트로이아인들 쪽으로는 아레스, 아폴론과 아르테미스, 그리고 두 남매의 어머니 레토와 아프로디테가 달려갔다. 제우스가 천둥을 치고 포세이돈이 대지와 산꼭대기를 흔드는 바람에 지하의 왕 하데스가 뛰어올라 올 지경이었다. 신들은 처음에는 양쪽 군대를 격려했지만, 마침내 신들끼리 서로 맞서기까지 했다. 포세이돈에게는 아폴론이 맞섰고, 아레스에겐 아테나가 맞섰다. 헤라에게는 아르테미스가 덤벼들었고, 레토에게는 헤르메스가 맞섰다. 불의 신 헤파이스토스에게는 강의 신 스카만드로스(크산토스)가 맞섰다. 하지만 그들이 맞서는 것은 땅 위의 상황에 달려 있었다. 포세이돈이 일단 높은 곳에 앉아 구경을 하고, 전쟁은 인간들에게 맡겨 두자고 했기 때문이었다. 그리스인들을 돕는 신들은 방벽 위에 앉았고, 트로이아인들을 도와주려는 신들은 칼리콜로네 언덕 위에 앉았다.

인간들 사이에서는 아킬레우스가 단연 돋보였다. 헥토르를 찾아다니는 아킬레우스에게 아이네이아스가 용기를 내어 맨 처음 맞섰다. 아킬레우스를 두려워하며 머뭇거리던 그를 아폴론이 독려했기 때문이었다. 먼저 아이네이아스가 방패를 가슴 앞에 들고 달려들면서 청동 창을 휘둘렀다. 아킬레우스도 필사적인 사자처럼 달려들었다. 이들의 대결은 이번이 처음은 아니었다. 오래전에 이데산에서 소떼를 걸고 싸웠던 적이 있었는데, 아이네이아스는 아킬레우스와 맞서다 죽을 뻔했었다. 아이네이아스도 그때를 분명하게 기억하고 있었다. 대결의 순간 아킬레우스는 그에게 그때의 일을 다시 말해 주었다. 그러니 물러서라는 것이었다. 하지만 아이네이아스는 물러서지 않고 싸우겠다고 했다. 자신이 어떤 가문의 사람인지를 길게 밝히면서 물러설 수 없다 했다. 제우스가 다르다노스를 낳았고, 다르다노스는 에릭토니오스를 낳았으며, 에릭토니오스는 트로스를 낳았고, 트로스는 일로스, 앗사라코스, 가뉘메데스를 낳았는데, 그 가운데 앗사라코스가 카퓌스를 낳았고, 카퓌스는 앙키세스를 낳았으니, 그가 바로 자신의 아버지며, 어머니는 아프로디테 여신이라고 밝혔다.

싸움터에서 전사들이 만나 이렇게 길게 말싸움을 할 수가 있을까? 그럴 수도 있었을 것 같다. 그게 아니라면, 호메로스는 아이네이아스가 제우스의 후손이며 아프로디테의 아들임을 밝히면서 그를 한껏 드높이고 있다고 해야 할 것이다. 대단한 집안의 아이네이아스. 그는 이제 말싸움은 그만하고 청동의 창으로 승부를 가리자고 했다. 기나긴 말싸움을 끝내고 나서 아이네이아스가 아킬레우스를 겨냥해 창을 던지자 아킬레우스는 방패를 들이밀었다. 다섯 겹으로 이루어진 방패에 맞은 아이네이아스의 창은 다섯 겹으로 된 방패를 청동으로 된 두 겹까지 뚫는 데는 성공했지만, 그 이상은 나아가지 못하고 황금으로 된 세 번째 겹에서 멈추고 말았다. 반격에 나선 아킬레우스가 창을 던졌다. 아이네이아스는 방패를 내밀고 몸을 웅크려 창날을 피했다. 곧바로 아킬레우스는 칼을 뽑아 들었고, 아이네이아스는 돌덩이를 집어 들었다. 누가 누구를 죽였을까?

이 결정적인 순간, 갑자기 포세이돈이 뛰어들었다. 비록 그리스인들의 편에서 돕고 있었지만, 아이네이아스만은 아끼고 있었기 때문이다. 더군다나 그는 아이네이아스가 이곳에서 죽을 운명이 아니며, 다르다노스의 가문을 이어가며, 트로이아인들을 대대로 다스릴 운명을 타고났음을 알고 있는 터였다. 그래서 그는 헤라에게 양해를 구하고 아킬레우스와 아이네이아스가 일대일 대결을 벌이는 곳으로 급히 뛰어들었던 것이다. 그는 아킬레우스의 눈앞에 안개를 쏟고, 그의 창을 도로 그의 앞에 놓아둔 다음, 아이네이아스를 들어 올려 싸움터의 바깥쪽으로 데려갔다. 그리고 그에게 경고했다. "아킬레우스에게는 맞서지 마라. 그와 싸우다가는 정해진 운명을 거슬러 하데스의 집으로 가게 될 것이다. 하지만 나중에 아킬레우스가 죽은 후에는 선봉에 서라." 그리고 곧바로 다시 아킬레우스에게로 가서 그의 앞에 뿌려 놓았던 안개를 흩어지게 했다.

아이네이아스와의 대결이 무산된 것을 안 아킬레우스는 그리스의 전사들을 다독이며 격려했다. 이를 보고 헥토르는 트로이아인들을 격려하면서 자신이 아킬레우스를 향해 나아가겠다고 장담했다. 하지만 이번에는 아폴론이 헥토르에게 다가가 말렸다. 나서지 말고 일단 그를 기다리라는 것이었다.

헥토르가 물러선 사이, 아킬레우스는 트로이아인들을 향해 뛰어들었고, 그의 잔혹한 살육이 시작되었다. 그는 먼저 이피티온의 머리를 창으로 박살 내어 그를 쓰러뜨렸다. 곧이어 데몰레온의 머리도 박살 냈다. 전차에서 뛰어내린 그는 도망가던 힙포다마스의 등을 창으로 찔러 씩씩한 기상을 후벼 내었다. 프리아모스의 막내 폴뤼도로스도 아킬레우스의 창에 등을 맞고 쓰러졌다. 그의 창은 등에서부터 가슴으로 뚫고 나왔다.

동생이 쓰러지는 것을 보고 있던 헥토르는 곧바로 아킬레우스를 향해 뛰어들었다. 아킬레우스는 기뻐 환호성을 올렸다. 파트로클로스의 죽음을 되갚을 기회라고 믿었기 때문이었다. 헥토르가 창을 던졌지만 아킬레우스를 맞히지는 못했다. 이번에는 아킬레우스가 달려들었다. 멋진 대결이 펼쳐질 찰나, 아폴론이 안개로 헥토르를 감싸 주니 제대로 맞힐 수가 없었다. 이로써 그들의 격돌은 뒤로 미루어졌다.

아킬레우스는 헥토르를 놓친 아쉬움을 달래려는 듯, 돌진하면서 트로이아 전사들에게 무차별 공격을 가했다. 드뤼옵스가 그의 창에 찔려 쓰러졌고, 데모코스가 칼에 베여 죽었다. 라오고노스와 다르다노스는 각각 창과 칼에 희생되었다. 아킬레우스의 무릎을 잡고 살려 달라 애원하던 트로스 역시 그의 칼에 깊숙이 찔려 검은 피를 쏟아 내며 쓰러졌다. 아킬레우스의 잔인한 살육은 거기에서 멈추지 않았다. 그는 창으로 물리오스의 얼굴을 귀에서 귀로 꿰뚫어 죽였고, 에케클로스의 머리를 칼로 동강 내어 죽였으며, 데우칼리온의 팔을 창으로 꿰뚫고 칼로 목을 쳐서 쓰러뜨렸다. 리그모스는 창에 폐를 찔려 죽었고, 아레이토오스도 등을 창에 찔려 죽었다. 바싹 마른 계곡을 아찔한 속력으로 휩쓰는 맹렬한 불길처럼 아킬레우스는 사방을 휘젓고 다니며 전사들을 도륙했고, 대지는 죽은 전사들이 흘린 피로 강물을 이루었다. 그를 막을 수 있는 전사는 없었다. 그는 거침없이 대열을 돌파해 나갔다. 그가 잔혹할수록, 그의 위력이 얼마나 대단하며 전투에서 그가 얼마나 대단한 존재인지, 그의 존재감이 한껏 돋보이는 장면이었다.

제21권

스카만드로스강 가의 격전과 신들의 결투

아킬레우스의 질주는 스카만드로스의 강둑까지 계속되었다. 쫓기던 트로이아인들은 둘로 갈라졌는데, 일부는 도성을 향해 들판 쪽으로 달아났으나, 다른 일부는 강 쪽으로 몰렸다. 그들은 강물에 뛰어들었다가 급한 물살에 휩쓸려 아우성치고 있었다. 아킬레우스가 칼을 들고 강물로 뛰어들어 트로이아인들을 닥치는 대로 베니, 강물은 핏빛으로 점점 더 진하게 물들어 갔다. 아킬레우스의 칼날을 간신히 피한 트로이아인들은 강둑 밑에 웅크리고 있었다. 아킬레우스는 그들 가운데 열두 명의 젊은이를 산 채로 잡아 함선 쪽으로 데려가게 했다. 파트로클로스의 장례식을 위한 피의 값이었다.

한편 아킬레우스는 무장을 모두 벗어던지고 달아나던 뤼카온과 마주쳤다. 그는 프리아모스의 아들이었으며, 이미 죽은 폴뤼도로스의 형제였고, 얼마 전에 아킬레우스에게 잡혀 렘노스로 팔렸던 적이 있었다. 간신히 일리오스로 돌아온 그가 또다시 아킬레우스에게 붙잡힌 것이었다. 아킬레우스가 창으로 그를 찌르려 하자, 몸을 구부려 창을 피한 뒤, 한 손으로는 무릎을, 다른 한 손으로는 창을 잡고 살려 달라고 애원했다. 막대한 몸값도 제시했으나 소용없는 일이었다. 가장 사랑하는 친구를 잃은 아킬레우스에게 트로이아인들에 대한 동정이나 연민의 감정은 털끝만큼도 남아 있지 않았다. 재물은 지금 아킬레우스에게 아무런 의미가 없었다. 무엇보다도 적과의 타협이란 없었다. 모두 죽는 법. 비탄하지 말라 했다. 아킬레우스가 칼을 들어 뤼카온의 목 옆 쇄골을 내리치자 검은 피가 땅으로 흘러내렸다.

아킬레우스가 뤼카온의 시신을 스카만드로스강에 던져 버리자 스카만드로스강의 신은 화가 났다. 화가 난 그는 아스테로파이오스에게 용기를 불어넣었다. 아스테로파이오스는 자신의 가문을 밝힌 후 아킬레우스에게 달려들어 양손으로 두 자루의 창을 한꺼번에 던졌다. 한 자루는 방패에 막혔으나, 다른 한 자루는 아킬레우스의 오른쪽 팔꿈치를 스쳤다. 검은 피가 뿜어져 나왔다. 반격에 나선 아킬레우스가 창을 던졌으나, 빗나갔다. 그는 다시 칼을 뽑아 달려들었다. 한편 아스테로파이오스는 땅에 박한 아킬레우스의 창을 뽑으려 하고 있었다. 하지만 그것은 어리석은 짓이었다. 깊게 박힌 창을 뽑을 수 없었을뿐더러, 아킬레우스의 칼이 매우 빠르게 그를 공격했기 때문이다. 그의 칼에 베인 아스테로파이오스는 창자를 쏟아내며 쓰러졌다. 아킬레우스는 제우스의 후손이었다. 제우스가 아이아코스를 낳았고, 아이아코스는 펠레우스를 낳았고, 펠레우스가 아킬레우스의 아버지였기 때문이다. 그의 힘은 단순히 인간 혈통에서 나온 것이 아니었다. 그의 칼날에 쓰러진 아스테로파이오스는 고기들의 밥이 되었다. 그의 지휘 아래 있던 파이오니아인들은 혼비백산하여 달아났고, 그를 추격하며 아킬레우스는 단숨에 전사 일곱을 연달아 죽였다.

이 모습을 본 스카만드로스강의 신은 더욱 화가 났다. 그의 강물이 시신들로 가득 찼기 때문이다. 그러나 이에 아랑곳하지 않고 아킬레우스는 더 많은 트로이아인들을 살육하기 위해 강물로 뛰어들었다. 그러자 강의 신은 물줄기를 높이 세우며 아킬레우스에게 덤벼들었고, 시신들을 뭍으로 토해냈으며, 살아 있는 트로이아인들을 감싸 보호해 주었다. 강물의 거센 공격을 받아 몸을 가누기 어려워진 아킬레우스는 소용돌이에 휩쓸리며 두려움에 사로잡혔다. 독수리처럼 빠져나와 달아나려고 하는 아킬레우스에게 스카만드로스는 공격을 멈추지 않았다. 이대로 강물에 휩싸여 아킬레우스는 죽고 말 것인가?

아킬레우스는 제우스에게 기도를 올렸다. 급류에 휩싸여 죽게 되었으니, 구해 달라는 원망 섞인 간절한 기도였다. 자신은 나중에 아폴론의 화살에 죽게 되어 있는 것 아니냐고 항변했다. 이때 아킬레우스에게 달려간 것은 포세이돈과 아테나였다. 포세이돈은 아킬레우스에게 그렇게 죽을 운명은 아니라고 안심시키며 용기를 가지라고 했다. 아킬레우스는 고무되었고, 아테나가 불어넣어 준 힘으로 강물을 내달리기 시작했다. 하지만 스카만드로스도 가만히 있지만은 않았다. 곁에 흐르는 형제 시모에이스강의 신을 불러 물을 모으라고 명령했고, 물줄기를 높이 솟구치게 하며 아킬레우스에게 덤벼들었다. 인간이란 신보다는 약한 법. 아킬레우스는 결국 인간이며, 스카만드로스는 신이었으니, 아킬레우스가 스카만드로스의 격류를 이겨낼 수는 없었을 것이다. 하지만 헤라가 헤파이스토스에게 명령을 내렸다. "큰 불길을 타오르게 하여 아킬레우스를 도와라. 내가 서풍과 남풍의 거친 폭풍을 바다에서 일으키겠다." 헤파이스토스는 어머니 헤라의 명령을 따라 거센 불길을 일으켰다. 시신들을 태운 불길은 스카만드로스를 말려 버리려는 듯, 강물 쪽을 향해 번져 갔다. 스카만드로스가 번져 오는 열기를 견디지 못하고 항복을 선언하자 헤파이스토스는 불길을 누그러뜨렸다.

헤파이스토스와 스카만드로스의 대결을 시작으로 관망만 하고 있던 신들이 적극적으로 나서서 전면전을 벌였다. 제우스는 이 광경을 즐겼다. 먼저 아레스가 창으로 아테나의 아이기스 방패를 찔렀다. 아테나는 뒤로 물러나 날이 선 돌덩이를 들어 아레스의 목을 치자 아레스는 곧 쓰러졌다. 아테나는 멈추지 않고 아레스를 부축해서 데리고 나가는 아프로디테의 가슴을 쳤고, 아프로디테는 아레스와 함께 쓰러졌다.

한편 포세이돈은 아폴론을 향해 싸움을 시작하라고 자극했다. 특히 포세이돈은 지난날 아폴론과 함께 트로이아인들을 위해 일했는데, 당시 라오메돈은 약속을 어기고 아무런 보수 없이 돌려보낸 것도 모자라 협박까지 했던 사실을 일깨워 주었다. 그러니 트로이아인들을 위해 싸우지 말라고 했다. 아폴론은 결국 포세이돈에게 덤벼들지 않았다. 삼촌에게 덤비는 것을 부끄럽게 여겼으며, 인간들 때문에 신들까지 싸우는 것은 신중하지 못한 일이라고 생각했기 때문이었다.

그러나 아폴론의 누이인 아르테미스는 아폴론을 질책했다. 그러자 그녀의 태도에 헤라는 화가 났으며, 그녀를 질책한 후 양손을 왼손으로 잡고 오른손으로 활을 벗겨내 귀 옆을 후려쳤다. 매를 피해 달아나는 비둘기처럼 아르테미스는 헤라를 피해 달아났다. 그러자 레토는 딸이 헤라에게 당하는 것을 보고 헤라나 헤르메스와는 싸우지 않겠다며 딸이 떨어뜨리고 간 활과 화살을 주워 돌아갔다.

한편 아폴론은 일리오스로 들어가 그리스인들이 정해진 운명을 넘어 도성을 함락하지 못하도록 지켜 주었고, 다른 신들은 싸움을 끝낸 후에 올림포스로 돌아갔다. 신들의 전투는 그리스인들의 편을 들었던 신들의 우세 속에서 마무리되었다.

그사이 아킬레우스는 여전히 트로이아인들을 도륙하고 있었다. 신들의 싸움은 인간들의 전세를 반영하는 것이었으며, 인간들의 전쟁은 신들의 싸움을 비추는 거울과도 같았다. 트로이아인들은 도성을 향해 도망쳤다. 일리오스 도성 위에는 프리아모스가 서 있었다. 그는 도성 문을 열어 놓고 트로이아인들과 동맹군들이 몰려오면 받아들인 뒤 곧바로 문을 닫아 아킬레우스와 그리스인들이 들어오지 못하게 하라고 명령을 내렸다. 이때 아폴론은 아게노르의 가슴에 용기를 불어넣어 아킬레우스와 맞서게 했다. 그 순간 아게노르는 고민에 휩싸였다. 무리들과 섞여 도성 안으로 달아날까, 아니면 도성에서 다른 길을 통해 들판 쪽으로 빠져나가 이데산으로 도망을 칠까, 그도 아니면 도성 앞에 그대로 서서 아킬레우스에 맞서 싸울까. 고민 끝에 아게노르가 내린 결론은 아킬레우스와 맞서 싸우는 것이었다. 마치 사냥꾼들과 개들이 몰려들어도 그에 맞서 피하지 않고 기다리는 표범처럼 아게노르는 달려드는 아킬레우스를 피하지 않고 그를 향해 날카로운 창을 던졌다. 창은 날아가 아킬레우스의 무릎 밑을 맞혔으나 경갑이 창을 막아냈다. 이번에는 아킬레우스가 달려들었다. 이때 아폴론은 또다시 짙은 안개로 아게노르를 감싸 싸움터에서 물러나게 했고, 자신이 아게노르의 모습으로 변하여 아킬레우스를 현혹시켰다. 아폴론은 스카만드로스강을 향해 뛰었고, 아킬레우스는 그가 아게노르인 줄 알고 쫓아갔다. 그사이 다른 트로이아인들은 아킬레우스의 위협에서 벗어나 도성 안으로 달아날 수 있었다.

제22권

아킬레우스와 헥토르의 일대일 대결

아폴론이 아게노르의 모습으로 아킬레우스를 속여 유인하는 동안, 트로이아인들은 일리오스 도성 안으로 달아났고, 헥토르는 성문 앞에 서서 트로이아인들의 퇴각을 도왔다. 마침내 아킬레우스는 자신이 쫓는 자가 인간 아게노르가 아니고, 아게노르의 모습으로 변장한 아폴론이라는 사실을 알게 되었다. 신에게 속아 트로이아인들을 놓쳤다는 사실에 화가 난 아킬레우스는 곧바로 일리오스 도성을 향해 달렸다.

> 그를 노왕 프리아모스가 맨 처음 보았다, 두 눈으로/ 별처럼 빛을 뿜으며, 들판을 질주하던 그를./ 그 별은 늦여름에 나타나는데, 찬란한 그 광채는/ 밤의 심연에 수많은 별들 사이에 나타난다./ 그 별을 '오리온의 개'라는 별명으로 부른다./ 그것은 가장 빛나지만, 불행의 징

표가 되며,/ 또 수많은 열병을 가련한 인간들에게 가져다준다./ 그렇게, 달리는 그의 가슴 주위엔 청동이 빛났다.(22권 25-32행)

프리아모스는 성벽 밖에서 버티고 서 있는 헥토르를 불렀다. "아킬레우스와 싸우지 마라. 그가 더 강하다. 저 놈은 이미 내 아들을 수없이 죽였다. 너는 죽어선 안 된다. 어서 성벽 안으로 들어오너라! 이 가련한 아비를 불쌍히 여겨 다오!" 그는 헥토르가 아킬레우스에게 죽음을 당하여 전쟁에서 패배한 뒤에 다가올 불행을 생생하게 그리며 헥토르에게 제발 돌아오라고 간절하게 외쳤다. 프리아모스의 외침은 단순히 헥토르를 향한 것만은 아니었다. 전쟁터로 자식을 보낸 모든 아버지의 외침이요, 간절한 소망이었다. 프리아모스가 그려 주는 트로이아의 패배와 그 이후에 닥칠 온갖 불행은 단지 트로이아의 재앙만은 아니었다. 전쟁을 치르다가 패배할 수 있는 모든 도시와 국가의 불행이며, 전쟁에 휩싸인 모든 인간들의 불행이었다. 하지만 헥토르는 아버지의 간절한 외침을 듣지 않았다.

이번에는 헥토르의 어머니 헤카베가 울부짖었다. "헥토르야, 아들아, 성벽 안으로 들어오너라. 그와 맞서지 마라." 아들의 죽음을 두려워하며 아들의 안전을 걱정하는 헤카베의 외침도 전쟁터로 아들을 보내고 한시도 편안할 수 없는 모든 어머니들의 외침이었다. 그렇게 트로이아 전쟁에 참여한 모든 전사들은 프리아모스와 같은 아버지, 헤카베와 같은 어머니를 집에 두고 전쟁터에 나와 있었다. 그들은 전사이기 이전에 누구의 아들이었다. 그러나 헥토르는 전사로 그곳에 남아 있어야 했다.

이처럼 호메로스는 헥토르의 등 뒤에서 어머니와 아버지가 간절하게 외치게 함으로써 트로이아 전사들의 인간적 실체를 보여 준다. 모든 전사는 전사이기 이전에 부모들의 자식이며 인간이라는 사실을. 그러나 동시에 인간적인 모든 감정을 억누르고 전사로 굳게 서 있어야만 하는 전사의 비극적인 운명을 또한 헥토르를 통해 보여 준다. 전사의 무장을 벗어 던지는 순간 적에게 당하며, 적에게 당하는 순간 더 이상 인간으로 살아갈 수도 없는 전사의 운명을.

헥토르는 아킬레우스가 달려오는 것을 기다리고 있었다. 굳센 전사의 모습. 하지만 그의 마음속에는 여러 가지 생각이 교차하고 있었다. '지금 성안으로 들어간다면 전날 트로이아 성안으로 들어가자고 했던 폴뤼다마스와 다른 사람들이 나를 비난할 것이다. 방패와 투구를 내려놓고 아킬레우스와 협상을 해볼까? 헬레네와 보물을 돌려

주고, 일리오스의 재물 가운데 절반을 줄 테니 전쟁을 그만두자고. 아니, 소용없는 일이 될 것이다. 그러니 그냥 싸우는 것이 낫겠다.'

그러는 사이 아킬레우스는 헥토르를 향해 다가오고 있었다. 최고 전사들의 일대일 대결이 벌어질 순간이었다. 그리스인들을 함선까지 몰아붙인 후, 함선에 불을 붙였으며, 거침없이 돌진하던 파트로클로스에게 최후 일격을 가하고 최고의 전사로 떠오른 헥토르와 아킬레우스의 대결. 현재 헥토르는 파트로클로스가 입고 있던 아킬레우스의 무장을 벗겨 내어 자신이 입고 있었으니, 상징적으로 헥토르는 트로이아인들의 '아킬레우스'였다. 아킬레우스의 갑옷을 입고 있던 헥토르 대 아킬레우스 자신의 대결, 곧 '아킬레우스' 대 아킬레우스의 대결이었다. 《일리아스》 절정의 순간, 헥토르는

> 이렇게 생각하며 기다릴 때, 바짝 다가왔다, 아킬레우스가/ 투구를 쓴 전쟁의 신 에뉘알리오스 같은 모습으로/ 휘둘렀다, 오른 어깨 아래로, 펠리온산 물푸레나무를/ 무서운 창을. 그 주위엔 청동이 빛났다, 마치 광선처럼/ 타오르는 불 또는 떠오르는 태양에서 뻗어 나오듯./ 헥토르가 그를 보자, 전율에 휩싸였다. 그는 감히/

그곳에 머물지 못했고, 문을 뒤로하고 두려워 달아났다./ 펠레우스의 아들은 바람 같은 발을 믿고 그를 쫓았다.(22권 131-138행)

거침없이 달려오는 아킬레우스 앞에 헥토르는 너무도 인간적이었다. 그는 결정적인 순간에 아킬레우스를 피해 달아나기 시작했고, 아킬레우스가 그의 뒤를 쫓았다. 망대와 무화과나무 옆을 지났다. 뜨거운 물과 차가운 물이 동시에 흘러나오는 두 개의 샘, 그리고 샘물 옆의 빨래터, 그 두 개의 샘으로부터 스카만드로스강은 시작되는데, 그들은 그곳도 바람처럼 스쳐 지나갔다. 헥토르의 목숨을 걸고 벌이는 달리기 경주, 사슴 새끼를 쫓는 사냥개의 추격 같았다. 그들은 벌써 일리오스 성을 세 바퀴나 돌았다.

제우스는 가슴이 아팠다. 가능하다면 헥토르를 구해 내고 싶었다. 하지만 이번에는 아테나가 그럴 수는 없다고 막았다. 마침내 제우스가 황금 저울을 들었다. 죽음의 운명 두 개를 올려놓았는데, 헥토르의 운명이 기울어져 하데스의 집으로 떨어졌다. 이제 모든 것은 끝날 것이다. 아폴론은 헥토르의 곁을 떠났고, 아테나는 아킬레우스에게 찾아가 격려했다. 아테나는 또 헥토르에게 데이포보스의 모습으로 나타나 이제 그만 멈추고 서서 싸우라고 했다.

헥토르는 결국 멈추었다. 이제 정말 헥토르와 아킬레우스의 대결이 시작될 판이었다.

헥토르는 먼저 아킬레우스에게 협상을 제안했다. 서로 싸우긴 싸우되 서로를 존중하여 승리자는 패자의 무구를 벗긴 후에 시신에 모욕을 가하지 말고, 온전하게 돌려주자고 했다. 아킬레우스는 단호하게 거절했다. "사자와 사람 사이에 맹약이 있을 수 없다. 늑대와 새끼 양이 한뜻이 될 수는 없다. 언제나 적의를 품는 법. 나와 너는 결코 친구가 될 수 없으며, 우리 둘 사이에 맹약이란 있을 수 없다. 그대는 이제 창수(槍手)가 되고, 대담한 전사가 되라. 그대는 곧 내 전우들의 모든 고통을 한꺼번에 보상하게 될 것이다." 헥토르의 제안은 신사적이고 인간적이었지만, 전사답지는 않았다. 전사란 적에겐 나쁜 것을, 친구에게는 좋은 것을 생각하고 실천해야만 한다. 적과의 타협이란 있을 수 없다. 아킬레우스는 헥토르에게 전사가 되라 했다. 창수가 되라 했다. 결코 친구가 될 수는 없다고 했다. 사자와 인간 사이에 타협이 없듯이. 헥토르는 매우 인간적이었지만, 아킬레우스는 철저히 전사요 사자였다.

먼저 아킬레우스가 있는 힘껏 창을 던졌다. 그러나 헥토르는 똑바로 보고 있다가 쾌속으로 날아오는 묵직한 창을 피했다. 반격에 나선 헥토르도 창을 던졌다. 아킬레우스는 날아오는 창을 방패로 막았고, 창은 방패로부터 튕겨져 나갔다. 아킬레우스의 공격이 실패하자 헥토르는 칼을 뽑아 들고 독수리처럼 달려들었다. 아킬레우스도 오른손에 창을 휘두르며 달려들었다. 아킬레우스는 무구들이 막아주지 못하는 부분을 노렸다. 헥토르의 목이었다. 그는 그곳을 향해 최후의 일격을 가했다. 목구멍에 창을 밀어 넣었다. 헥토르는 쓰러졌다. 단 한 방에. 대결은 깨끗하고 간결했다. "헥토르, 파트로클로스를 죽이고도 무사할 줄 알았는가? 너보다 훨씬 강한 내가 있었으니. 개 떼와 새 떼가 너를 찢게 될 것이다." 아킬레우스는 친구를 죽인 적에게 철저하게 잔혹했다. 헥토르는 마지막으로 부탁했다. 시신을 개나 새가 뜯어먹게 놔두지 말고 트로이아로 돌려보내 달라고. 하지만 소용없는 말이었다. "내가 너를 직접 저며 날로 먹고 싶다."고 잔혹하게 대답했다. 헥토르는 죽어 가며 아킬레우스의 최후를 예언했다. 파리스와 아폴론에 의해 죽게 되리라고. 그때 신들의 노여움의 대상이 되지 말라고.

아킬레우스는 숨이 끊어진 헥토르의 무장을 벗겨 내었고, 다른 그리스인들은 달려들어 헥토르의 시신을 난도질했다. 아킬레우스는 헥토르의 양쪽 발뒤꿈치에서 복사뼈까지를 뚫어 소가죽 끈으로 꿰어 묶고 전차에 매달고 전

헥토르의 시신을 전차 뒤에 매달고 달리는 아킬레우스

차를 달리게 했다. 헥토르의 시신은 땅에 끌리며 구름 같은 먼지를 일으켰다. 끔찍하고 잔혹한 광경이었다. 아킬레우스는 적군과 아군 할 것 없이 모든 사람이 보는 앞에서 그들의 마음에 끔찍한 공포와 두려움을 일으키는 최고의 전사로 살벌한 장면을 연출했다. 친구를 죽인 적을 가장 잔혹하게 모욕하고 있었다.

이 모습을 본 헥토르의 어머니 헤카베는 머리를 쥐어뜯으며 통곡했고, 아버지 프리아모스도 지금 당장 나가 헥토르의 시신을 구해 오겠노라 울부짖었다. 온 도성은 화염에 휩싸여 불타오르는 것처럼 슬픔에 이글거렸다. 헥토르의 죽음을 둘러싸고 눈물과 절규, 통곡과 비탄이 이어졌다. 헥토르가 죽었으니 더 살아 무엇 하겠냐고 헤카베가 통곡했다. 그때까지 헥토르의 죽음을 알지 못했던 아내 안드로마케도 달려와 울부짖었다. 과부가 된 자신과 고아가 된 아들 아스튀아낙스가 맞게 될 고통과 괴로움을 한탄했던 것이다. 그들의 울부짖음은 헥토르를 위한 것만은 아니다. 전투에 참가해 죽어 간 숱한 전사들의 아버지의 울부짖음이요, 어머니의 통곡이며, 아내의 비탄이나 한탄이었다.

아킬레우스가 조금의 인정도, 피도 눈물도 없는 잔혹한 전사의 모습으로 서 있는 맞은편에, 헥토르는 너무도 인간적인 감정과 지독하게 인간적인 관계 속에서 전사보다는 피와 살과 감정을 가진 인간으로서 부각되고 있었다. 호메로스는 과연 어떤 인간의 유형을 영웅으로 제시하려고 했을까? 철저한 전사로서 슬픔과 고독 속에 우뚝 서 있는 아킬레우스인가? 아니면 전사 이전의 인간으로 쓰러져 사랑하는 이들의 슬픔과 애탄의 대상이 되어 버린 헥토르인가? 그리고 당대의 그리스 사람들은 과연 누구에게 매혹되고 열광했을까?

제23권

파트로클로스의 장례식과 추모 운동 경기

일리오스 도성은 헥토르의 죽음으로 진한 비탄에 잠겨 있었고, 승리를 거둔 그리스인들은 함선들로 흩어졌다. 하지만 아킬레우스를 중심으로 뮈르미돈인들은 따로 모여 식사를 하기 전에 먼저 파트로클로스의 죽음을 애도했고, 파트로클로스를 죽였던 헥토르의 시신을 파트로클로스의 침상 옆에 얼굴이 땅에 처박히도록 엎어 놓았다. 시신에 대한 끈질긴, 끝 모를 모욕이었다.

아킬레우스는 전우들에게 식사를 대접했고, 아가멤논은 아킬레우스를 불러 함께 식사를 했다. 식사를 마친 뒤에는 모두들 흩어져 잠이 들었고, 슬퍼 탄식하던 아킬레우스도 잠이 들었다. 그때 파트로클로스의 혼백이 아킬레우스를 찾아와서 속히 화장을 해달라고 부탁했다. 그리고 아킬레우스가 일리오스 성벽 밑에서 죽게 되면 자신의 뼈와 아킬레우스의 뼈를 손잡이가 둘 달린 황금 항아리에 함께 넣어 달라고 부탁했다. 그리운 친구를 꿈에서 만난 아킬레우스는 안타까운 꿈에서 깨어나 끝내 잡을 수 없었던 친구를 생각하며 또다시 애통해하며 밤을 지새웠다.

장밋빛 손가락을 가진 새벽의 여신 에오스가 다가오자, 아킬레우스는 화장 예식 준비를 시작했다. 메리오네스가 이데산에서 나무를 해오는 일을 감독했고, 아킬레우스는 운구 행렬을 직접 정돈했다. 뮈르미돈인들은 무장을 했고, 말에는 멍에를 얹었다. 맨 앞에는 전차병들이 섰고, 뒤에는 보병들이 따랐다. 중앙에는 파트로클로스의 시신이 운구되었다. 그의 시신 위에는 전우들이 잘라 던진 머리카락이 수북이 쌓여 있었다. 무덤 예정지에 이르자 시신을 내려놓고 나무를 쌓아 올렸다. 아킬레우스는 자신의 금발 머리를 잘라 시신의 손에 쥐여 주었다. 운구가 끝나고 일반 병사들이 모두 해산한 뒤 지휘관들과 뮈르미돈인들만이 남아 화장할 준비를 했다. 장작더미를 만들고 꼭대기에 파트로클로스의 시신을 올려놓았다. 시신 주변에는 잘 손질된 짐승들을 쌓아 올렸다. 말 네 마리도 장작더미 위로 던져 올렸고, 파트로클로스가 생전에 기르던 개 아홉 마리 중에서 두 마리를 죽여 장작더미 위로 던졌다. 그리고 파트로클로스의 피 값으로 잡아온 열두 명의 트로이아 젊은이들을 죽여 함께 던지고 불을 붙였다. 북풍과 서풍의 신에게 기도를 올리자 불길은 바람의 신의 입김에 힘입어 울부짖듯이 밤새도록 사납게 타올랐다. 성대하지만 잔혹한 장례식이었다. 잔혹한 만큼 파트로클로스에 대한 예는 더욱 진지하고 정중한 것으로 받아들여졌을 것이다. 그는 헥토르의 시신은 함께 태우지 않고 개들이 뜯어먹도록 하겠다고 했다. 하지만 아폴론과 아프로디테가 헥토르의 시신을 보호해 주었다.

또다시 아침이 밝았다. 아킬레우스의 지시에 따라 포도주로 불을 끈 뒤, 파트로클로스의 유골을 수습해 황금 항아리에 담고 무덤을 작게 만들었다. 그러자 아킬레우스는 모두를 모아 놓고 상품을 날라 오게 하더니, 파트로클로스를 추모하는 운동 경기를 열었다. 전쟁 중에 벌어진 일종의 올림픽과도 같은 축제였다. 트로이아 도성은 헥토르의 죽음으로 비탄에 빠져 있는데, 함선 곁 그리스인들의 진영에서는 운동 경기가 열렸다. 친구의 장례식을 치르고 그의 명예를 드높이기 위함이었다.

첫 경기는 전차 경주였다. 일등 상품은 수공예에 뛰어난 여인과 세발솥이었고, 이등상은 6년생 암말, 삼등상은 가마솥, 사등상은 황금 두 탈란톤, 오등상은 손잡이 둘 달린 항아리였다. 이에 에우멜로스와 디오메데스, 메넬라오스, 안틸로코스, 메리오네스가 선수로 나섰다. 뿌연 먼지를 일으키며 출발한 전차들은 치열한 각축을 벌였다. 제일 먼저 두각을 나타낸 것은 에우멜로스의 말들이었고 그 뒤로 디오메데스의 말들이 바짝 따라붙었다. 숨 막히는 접전이었다. 그때 디오메데스가 채찍을 놓쳐 주춤하는 사이 에우멜로스가 앞서 나갔다. 그런데 갑자기 에우멜로스의 말들을 묶고 있던 멍에가 부서지면서 에우멜로스가 전차에서 떨어져 부상을 입고 말았다. 왜 갑자기 이런 일이 벌어졌고, 누가 그랬을까?

인간들의 전쟁에 신들의 힘이 얽혀 진행되던 것처럼, 전차 경기에서도 신들은 가만히 있지 않았다. 디오메데스가 채찍을 떨어뜨린 것은 아폴론이 디오메데스의 손을 몰래 쳤기 때문이었고, 에우멜로스의 말들의 멍에가 부서진 것은 아폴론의 개입에 화가 난 아테나가 저지른 일이었다. 이로써 디오메데스가 단연 선두로 나섰다. 그 뒤를 메넬라오스가 따라붙었고, 안틸로코스가 삼등으로 달렸다. 그러나 길이 움푹 팬 좁은 길에서 안틸로코스는 메넬라오스 곁으로 위협적으로 바짝 붙었고, 메넬라오스는 충돌의 위험을 감지하고 속력을 늦추었다. 안틸로코스의 공격적인 역주로 순위가 바뀌자 메넬라오스는 안틸로코스를 괘씸하게 생각했다.

그사이 누가 일등으로 달리고 있는가를 두고 이도메네

우스와 오일레우스의 아들 아이아스가 서로 말다툼을 하기도 했다. 결국 이도메네우스의 말대로 디오메데스가 일등으로 들어왔고, 안틸로코스가 이등, 메넬라오스가 아슬아슬하게 삼등으로 들어왔다. 그리고 투창 거리만큼 뒤늦게 메리오네스가 사등으로 들어왔고, 마지막으로 에우멜로스가 들어왔다.

아킬레우스가 에우멜로스의 실력을 인정하며 그에게 이등상을 주자고 하자 안틸로코스가 강력하게 항의했다. 결국 에우멜로스에게는 아스테로파이오스에게서 거두어들인 청동 흉갑이 주어졌고, 이등상은 그대로 안틸로코스가 가져갔다. 그렇지 않아도 경기에 불만이 있던 메넬라오스는 안틸로코스에게 실력이 아니라 꾀를 써서 승리를 낚아챈 것이라 고백하라고 종용했다. 그러자 안틸로코스는 사실을 인정하면서 메넬라오스에게 이등상인 암말을 건네주려 했다. 메넬라오스는 깨끗하게 실수를 인정하는 안틸로코스의 태도에 만족하며 화를 풀고 이등상을 그대로 안틸로코스가 가져가도록 했다. 아킬레우스는 남은 오등상은 네스토르에게 주었다. 네스토르는 크게 기뻐하며 자신이 왕년에 얼마나 뛰어난 운동선수였는지 자랑하며 상품을 받아 갔다.

사연 많았던 전차 경기가 끝나자 권투 시합이 열렸다.

승자를 위한 상품은 6년생 암컷 노새 한 마리였고, 패자에게는 손잡이 둘 달린 잔이 상품이었다. 에페이오스가 호언장담하며 나서자, 에우뤼알로스가 맞섰다. 경기가 시작되고 주먹이 오가는 가운데, 에페이오스는 빈틈을 노리다가 턱을 올려쳤고, 상대는 실신하고 쓰러져 피를 토했다.

권투 시합이 끝나고 열린 레슬링 경기에서는 승자를 위해서 소 열두 마리 값이 나가는 큰 세발솥이, 패자를 위해서 소 네 마리 값이 나가는 여인이 상품으로 제시되었다. 텔라몬의 아들 아이아스가 일어서자, 오뒷세우스가 맞서려고 일어섰다. 두 사람은 상대를 움켜쥐고 쓰러뜨리려고 애를 썼다. 두 사람의 몸에선 땀이 비 오듯 흘러내렸다. 팽팽한 접전이 지루하게 지속되었다. 이때 갑자기 아이아스가 오뒷세우스를 들어 올렸다. 그러나 오뒷세우스는 절묘하게 아이아스의 오금을 쳤고, 아이아스는 뒤로 넘어졌다. 관중들은 오뒷세우스의 솜씨에 감탄하며 환호했다. 두 사람은 다시 붙었다. 이번에는 오뒷세우스가 아이아스를 들어 올리려 했지만 큰 아이아스는 꿈쩍도 하지 않았다. 그래서 안다리를 걸어 넘어뜨리려 했는데, 둘이 나란히 쓰러지고 말았다. 세 번째 다시 붙으려 하자, 아킬레우스는 두 사람을 말리고 무승부를 선언했다.

달리기 경주가 이어졌다. 일등상은 술 섞는 은제(銀製)

동이였고, 이등상은 황소 한 마리, 삼등상은 황금 반 탈란톤이었다. 오일레우스의 아들 아이아스와 오뒷세우스, 안틸로코스가 일어섰다. 출발 신호가 떨어지자 아이아스가 선두로 나섰고, 오뒷세우스가 그 뒤를 바싹 따라붙었다. 하지만 결승선이 다가오는데도 거리는 좀처럼 좁혀지지 않았다. 그런데 갑자기 아이아스가 미끄러져 넘어지면서 황소 똥오줌이 있는 곳에 얼굴을 처박고 말았다. 우연일까? 《일리아스》의 세계에서 단순한 우연은 없다. 그렇다면 이건 또 누가 한 일일까? 오뒷세우스가 시합 도중 아테나 여신에게 기도를 올리자, 오뒷세우스를 사랑하는 아테나 여신이 아이아스를 넘어지게 한 것이었다. 느닷없이 넘어지는 아이아스의 모습 속에서 시인은 아테나의 모습을 발견한 것이었다. 아이아스가 넘어지고 오물을 뒤집어쓴 모습에 모두들 유쾌하게 웃었다. 삼등을 한 안틸로코스는 오뒷세우스가 일등을 하긴 했으나, 그리스인들 가운데 가장 빠른 전사는 역시 아킬레우스라고 칭송하자, 기분이 좋아진 아킬레우스는 그에게 황금 반 탈란톤을 선물로 더 주었다.

이어 아킬레우스는 사르페돈의 무장과 함께 아스테로파이오스에게서 빼앗은 트라키아산 칼을 내걸고 진검 승부를 펼칠 것을 제안했다. 이에 텔라몬의 아들 아이아스와 디오메데스가 나섰다. 두 사람은 무장을 하고 나와 마주섰다. 섬뜩한 경기였다. 아이아스가 먼저 창을 질렀으나 디오메데스가 방패로 막았고, 디오메데스는 아이아스의 목을 노리고 창을 부렸다. 아슬아슬한 대결이 이어지자 그리스인들은 경기를 중단하라고 외쳤다. 두 사람 가운데 누구라도 다칠까 걱정이 되었기 때문이었다. 경기는 중단되었고, 아킬레우스는 다소 우세했던 디오메데스에게 큰 칼을 주었다.

이어서 열린 원반던지기 경기에서는 던져야 할 무쇠 덩이 자체가 상품이었다. 폴뤼포이테스와 레온테우스, 텔라몬의 아들 아이아스와 에페이오스가 일어섰다. 에페이오스가 제일 먼저 던졌으나 그리스인들의 웃음거리가 되었고, 레온테우스와 아이아스가 이어서 던졌다. 아이아스의 손에서 날아간 무쇠 덩이는 앞선 두 사람이 던진 거리를 훨씬 넘어섰다. 그러나 폴뤼포이테스는 아예 경기장 바깥으로 넘겨 버렸고, 그는 상품을 들고 유쾌한 기분으로 함선으로 돌아갔다.

이어 궁수들을 위한 경기가 벌어졌다. 양날 도끼 열 개와 외날 도끼 열 개가 상품으로 나왔다. 시합은 모래 위에 돛대를 세우고, 그곳에 비둘기의 발을 실로 잡아매어 쏘아 맞히는 것이었다. 테우크로스와 메리오네스가 나섰다.

테우크로스가 먼저 활시위를 당겼는데, 화살은 비둘기를 맞히지 못하고 실을 끊었다. 아폴론에게 헤카톰베의 예를 서약하지 않았던 탓이었다. 실이 끊긴 탓에 자유로워진 비둘기가 공중으로 날아가 버리자, 메리오네스가 재빨리 테우크로스에게서 활을 빼앗아 화살을 올려놓고 쏘아 비둘기를 정확하게 맞혔다. 그가 궁술의 신인 아폴론에게 헤카톰베를 서약했기 때문이었다. 승자 메리오네스는 양날 도끼 열 개를 들고 갔고, 테우크로스는 외날 도끼 열 개를 들고 갔다.

마지막으로 열린 투창 경기에서는 긴 창과 황소 한 마리 값이 나가는 가마솥이 상품이었다. 아가멤논이 나서자, 메리오네스가 맞섰다. 그런데 아킬레우스는 경기 자체를 열지도 않은 채, 아가멤논이야말로 최고의 창잡이라고 선언하고 그에게 가마솥을 주고, 창은 메리오네스에게 주자고 제안했다. 경기는 열리지 않고 그렇게 끝이 나 버렸다. 그동안 전쟁을 치르며 같은 편으로 싸웠던 그리스 전사들끼리의 대결은 그 자체로 흥미로웠다. 서로 같은 편으로 묶였기에 싸울 기회가 없는 쟁쟁한 전사들의 실력을 비교할 수 있었기 때문이다. 파트로클로스의 장례식과 추모 운동 경기는 이렇게 끝났다.

제24권

헥토르의 장례식

파트로클로스를 죽인 헥토르는 아킬레우스의 창에 찔려 죽었다. 이로써 아킬레우스는 친구의 원수를 갚았고 성대한 장례식과 추모 운동 경기도 열었다. 그러나 아킬레우스는 친구를 잃은 슬픔과 분노를 말끔하게 씻어낼 수가 없었다. 모두들 달콤한 잠을 즐길 때에도 아킬레우스는 잠을 이루지 못한 채 뒤척이며 파트로클로스에 대한 그리움으로 눈물을 흘리며 애를 태웠다. 벌떡 일어나 바닷가를 거닐며 분노와 슬픔을 가라앉히려고도 했다. 그래도 가라앉지 않으면 아킬레우스는 전차에 헥토르를 매달고 파트로클로스의 무덤을 세 번이나 돌며 분노와 슬픔을 삭인 후에 돌아오곤 했다. 헥토르의 시신을 먼지 속에 처박아 두어 이루 말할 수 없는 치욕을 가했다.

열이틀 동안 아킬레우스는 그렇게 잔혹한 행위를 반복했다. 참다못한 아폴론은 아흐레 동안 계속되던 신들의 회의에서 마침내 불만을 터뜨렸다. "헥토르는 신들에게 경건한 사람이었습니다. 그를 트로이아의 부모와 아내에게 돌려주어 장례를 치르게 해야 합니다. 아킬레우스는 사자 같은 자이며, 동정심도 수치심도 없는 자입니다. 그는 분에 못 이겨 대지의 여신을 욕보이고 있습니다. 도가 지나칩니다."라고 했다. 헤라는 이에 대해 이의를 제기했다. 헥토르에게 명예를 내릴 수는 없다는 것이었다. 헤라의 앙심도 아킬레우스만큼이나 대단했다.

그러나 제우스는 아폴론의 편을 들어 주었다. 헥토르는 그야말로 신들을 존중할 줄 아는 경건한 자였다는 것이 결정적인 이유였다. 하지만 헥토르의 시신을 몰래 빼내는 일은 하지 않기로 했다. 테티스를 불러 아킬레우스를 달래고, 아킬레우스가 손수 헥토르의 시신을 프리아모스에게 넘기도록 결정했다. 제우스는 이리스를 보내 바다 깊은 곳에 있던 테티스를 불렀고, 그녀에게 아킬레우스를 찾아가라 했다. 아킬레우스가 헥토르의 시신을 프리아모스에게 건네주어야 한다는 것이 제우스를 비롯한 신들의 뜻임을 알게 하라는 것이었다. 프리아모스가 곧 헥토르의 몸값을 가지고 아킬레우스를 찾아가게 될 것이라 했다. 테티스는 제우스의 뜻에 따라 곧 땅으로 내려가 아킬레우스를 찾아가서 제우스의 뜻을 전했다. 바다 깊은 곳에서 나와 땅을 거쳐 하늘로 올라갔다가 다시 땅으로 내려오는 테티스의 움직임을 따라 신들의 뜻은 아킬레우스에게 전해졌고, 슬픔에 고통스러워하던 아킬레우스는 제우스의 뜻을 따르겠다고 대답했다.

한편 이리스는 일리오스 도성으로 갔다. 비명과 통곡, 흐느낌과 울부짖음이 가득 울려 퍼지는 궁전에는 가족을 잃은 여인들과 헥토르를 잃은 프리아모스가 깊은 슬픔에 잠겨 있었다. 이리스는 프리아모스에게 다가가 몸값을 챙겨 아킬레우스를 찾아가 헥토르의 시신을 요구하라는 제우스의 명령을 전했다. 전령과 프리아모스만 가야 하며, 헤르메스가 인도자가 되어 줄 것이라고 약속했다.

이리스가 떠나자 곧바로 프리아모스는 탄원자가 될 준비를 했다. 그러나 헤카베는 걱정의 눈물을 흘리며 프리아모스를 만류했다. 아킬레우스는 잔혹하고 야만적이어서 프리아모스에게 동정이나 존경을 표하지 않을 것이니 가지 말라고 했다. 프리아모스는 이미 결심이 단단하게 선 상태였다. 여신 이리스의 말이었으니, 믿을 수 있다고 했다. 그게 아니어도 헥토르를 잃고 실의에 빠진 프리아모스에게 죽음의 위협은 더 이상 위협이 아니었다. "내 아들을 품에 안고 실컷 울 수 있다면, 아킬레우스의 손에 죽어도 좋소." 그는 여신이 명한 대로 몸값을 준비했다. 그리고 궁전에 모여 울고 있던 트로이아인들을 모두 물러나게 한 뒤, 남아 있던 아홉 명의 아들을 불러 거칠게 꾸짖었다. 혼쭐이 난 아들들은 몸값으로 준비된 것들을 수레에 싣고, 튼튼한 노새들에 멍에를 얹고 수레를 매었다. 헤카베의 부탁에 따라 제우스에게 간절한 가호의 기도를 올렸고, 제우스는 독수리를 보내 길조를 표했다. 이다이오스가 프리아모스와 동행할 마부로 뽑혔다.

두 사람이 수레를 끌고 도성을 나서자 제우스는 헤르메스를 보냈다. 헤르메스는 자신을 뮈르미돈인으로서 아킬레우스의 시종이라고 소개하고 프리아모스의 인도자가 되겠다고 자청했다. 그리고 헥토르의 시신은 아킬레우스가 매일 모욕을 가하고 있음에도 불구하고 상한 데 없이 깨끗하게 보존되어 있다고 말하며 앞장서 나아갔다. 함선들을 지키는 탑과 호에 이르러 파수병들을 잠들게 하고 프리아모스 일행과 수레를 안전하게 아킬레우스의 막사까지 인도한 뒤 헤르메스는 올림포스로 돌아갔다.

어두운 밤, 전쟁의 함성은 가라앉았고, 적군과 아군의 구별은 어둠 속에 지워진 시각, 트로이아의 왕 프리아모스는 그리스의 전사 아킬레우스의 막사 안으로 들어갔다. 그리고 조용히 아킬레우스 곁으로 가 두 손으로 무릎을 잡고 손에 입을 맞추었다. 깜짝 놀라는 아킬레우스에게 프리아모스는 차분하게 말을 꺼냈다. “그대의 아버지를 생각하라, 아킬레우스. 그는 사랑하는 아들이 돌아오는 것을 고대하고 계시리라. 그러나 나는 참 불행한 자다. 쉰 명의 아들이 있었으나 전쟁에서 모두 잃었으며, 도성과 백성을 지키는 헥토르도 그대 손에 죽었다. 나는 그 아이의 시신을 돌려받기 위해 많은 몸값을 가지고 왔다. 그대의 아버지를 생각하고 나를 동정하라. 난 참 끔찍한 짓을 하고 있다. 내 자식을 죽인 사람의 손을 내 입으로 가져오고 있으니.”

> 이렇게 말해, 그에게 부친을 위한 통곡의 욕망을 일으켰다./ 그러자 그는 노왕의 손을 잡고 정중하게 밀어냈고,/ 둘은 회상했다. 노왕은 남자를 죽이는 헥토르를 위해,/ 격하게 울었다, 아킬레우스의 발 앞에 몸을 굽힌 채./ 아킬레우스도 울었다, 자기 부친을 위해, 때론/ 파트로클로스를 위해. 그들의 통곡이 막사를 흔들었다.
> (24권 507-512행)

이제 아버지와 아들의 나이 터울로 만난 이들은 더 이상 적이 아니라 세상에서 가장 아끼는 사람을 잃은 슬픔을 함께 나눌 수 있는 두 명의 인간이었다. 전사의 무장을 벗은 둘은 무장 속에 감춰진 인간을 꺼내 놓고 실컷 울 수 있었다. 호메로스는 아킬레우스를 적대적인 관계를 잊은 인간의 모습으로 마지막 장면에 잠시나마 보여 주었다.

잠시 후에 아킬레우스는 프리아모스를 일으켜 세우고 날개 돋친 말을 꺼냈다. "노왕께선 참으로 많은 불행을 참으셨습니다. 하지만 슬픔의 고통은 마음속에 누워 있게 하시지요." 그리고 이런 말도 덧붙였다.

> 그렇게 신들은 가련한 인간들에게 짜놓습니다./ 괴롭게 살라고. 자기들은 슬픔 없이 지내면서./ 제우스의 선물 항아리 두 개가 놓여 있답니다, 제우스의/ 마루엔, 하나는 불행을, 다른 것은 행운을 줍니다./ 천둥 치는 제우스가 둘을 섞어 주는 자는/ 때론 불행을, 때론 좋은 일을 만납니다./ 허나 그가 고통만 주는 자는 재앙만을 내립니다.(24권 525-531행)

"견디십시오. 끊임없이 어르신의 가슴속 깊이 애통해하지는 마십시오. 슬퍼해도 어르신의 아들을 위해 아무런 일도 할 수 없는 법. 도로 살려낼 수 없을 것입니다. 그전에 다른 불행을 겪게 될 것입니다." 아킬레우스는 다시 침착함을 되찾고 냉정한 전사의 모습으로 돌아왔다. 아킬레우스는 프리아모스가 몸값으로 가져온 물건들을 받아들이고 헥토르의 시신을 깨끗하게 한 뒤 수레에 실어 주었다. 그리고 직접 식사를 준비하여 프리아모스에게 대접했다. 식사를 마친 프리아모스는 장례식을 치르기 위해 열하루의 휴전을 제안했고, 아킬레우스는 프리아모스의 오른손 손목을 꼭 쥐며 안심시키고 이 제안을 수락했다. 그리고 두 사람은 잠자리에 들었다.

모두들 잠이 들었을 때, 헤르메스가 다시 프리아모스에게 나타나 그를 깨웠다. 같은 슬픔에 함께 울며 식사도 같이하고 잠자리 또한 제공받았지만, 아킬레우스는 여전히 엄연한 적이었다. 헤르메스는 그들이 한갓 인간일 뿐만 아니라, 서로 죽고 죽이는 전투에서 날카롭게 맞서고 있는 전사들임을 일깨워 주었다. 적진에 머무르는 것은 위험한 일이었다. 밤이 걷히고 날이 밝으면 그곳은 다시 전쟁터로 드러날 것이다. 노왕 프리아모스는 헥토르 시신과 함께 그리스인들의 진영을 빠져나갔다. 크산토스강(스카만드로스강)의 여울까지 프리아모스 일행을 인도한 헤르메스는 올림포스로 올라갔고, 프리아모스는 다시 슬픔에 빠져 울며 도성을 향해 갔다. 날이 밝았다.

헥토르의 누이 카산드라가 제일 먼저 그를 알아보았고, 트로이아인들은 모두 달려들어 헥토르의 시신을 보고 비탄에 빠졌다. 제일 먼저 어머니 헤카베가 달려가 그의 머리에 손을 얹고 비통한 슬픔을 터뜨렸다. 성안으로 들어갈 때, 만가(輓歌)를 선창할 가수들이 애도의 합창단을 구성했고, 그에 맞추어 여인들이 슬피 울었다. 헥토르의 죽음을 둘러싸고 여인들의 비통한 노래가 울려 퍼졌다. 파트로클로스의 죽음을 둘러싸고 그리스 진영에서 벌어진 사내들의 애통함이나 활기찬 추모 운동 경기와는 너무나도 대조적인 모습이었다. 제일 먼저 슬픔의 노래를 부른 것은 헥토르의 아내 안드로마케였다.

> 여보! 아직 젊은 나이인데 죽으셨군요! 나를 과부로/ 집안에 남겨 두고, 아이는 아직도 이렇게 철부지인데,/ 얘를 낳았지요, 비운의 당신과 내가, 난 얘가 어른이/ 되리라 생각지 않아요. 그전에 도성이 완전히/ 파괴될 테니. 수호자가 죽었으니, 그대는 이 도성을/ 막아 줬는데, 소중한 아내들과 철없는 아이들을 지켜 줬는데.
> (24권 725-730행)

아이들과 여인들이 그리스인들에게 붙들려 가서 당할 고통이 어떤 것인지를 외치며, 아니면 트로이아가 함락되어 당할 참혹한 파멸을 상상하며 안드로마케는 울부짖었다. 헥토르의 죽음이 그녀에게 얼마나 가슴 찢어지는 고통이며 슬픔인지를 애통하게 토로했다. 여인들이 함께 울었다. 그녀들의 통곡은 전쟁 중에 남편을 잃고 과부가 된, 그리고 앞으로 과부가 될 모든 여인들의 통곡이었다.

헥토르의 어머니 헤카베의 통곡이 이어졌다.

> 헥토르! 모든 자식들 중 내 맘에 가장 사랑스런 애야!/ 내 보기에 실로 너는 살아생전 신들에게 사랑받더니,/ 그들이 너를 걱정하는구나, 죽음의 운명 속에서도./ 나의 다른 자식들은 발이 빠른 아킬레우스가/ 잡는 족족 내다 팔았는데, 불모의 바다 너머로,/ 사모스와 임브로스와 안개 핀 렘노스로/ 하지만 그가 너의 혼백을 긴 청동으로 파냈고,/ 수없이 너를 끌고 돌았는데, 그의 전우의 무덤 주위를,/ 네가 죽인, 그가 못 일으킨 파트로클로스의 무덤 주위를/ 그런데 지금 내게 너는 이슬처럼 깨끗하게 집 안에/ 누워 있구나. 마치 은빛 활의 아폴론이 달려들어/ 안락한 죽음의 화살로 쏴 죽인 사람 같구나.(24권 748-759행)

살아 있는 것처럼 아름답고 깨끗한 모습으로 누워 있는 아들, 곧 일어날 것만 같은데, 그러나 이미 그의 생명의 입김과 혼백은 아킬레우스의 무자비한 창에 의해 그를 빠져나갔다. 그는 결코 다시는 일어설 수 없었다. 그의 손에 죽었던 파트로클로스가 그렇듯이. 헤카베는 안타까움에 숨이 막힐 것만 같다. 그녀의 통곡은 전쟁에서 아들을 잃은, 그리고 아들을 잃게 될 모든 어머니들의 통곡이었다.

이번에는 헬레네의 통곡이 이어졌다.

> 헥토르! 모든 시숙들 중 내 맘에 가장 사랑스러운 분,/ 내게 남편은 신 같은 모습의 알렉산드로스이지요,/ 그가 나를 데려왔지요, 트로이아로. 그전에 내가 죽었더라면!/ 그게 벌써 내게는 이십 년이나 되었네요,/ 나의 조국 땅을 떠나와 이곳으로 온 그날부터./ 그대에게 듣지 못했어요, 나쁘거나 창피한 말을./ 오히려 만일 다른 누가 나를 집안에서 비난하면,/ 시숙이든 시누이든 좋은 옷을 입은 동서든/ 혹 시어머니든, 시아버지께서는 아버지처럼 친절하셨지요, 언제나,/ 그대는 그를 말로 설득하며 말리셨지요,/ 그대의 상냥한 마음과 그대의 상냥한 말로써./ 그래서 울어요, 그대와 불운한 나를 마음에 괴로워하며./ 다른 이는 내겐 없어요, 넓은 트로이아에/ 편들어 줄 친구가. 모두들 나를 끔찍해하니까요.
>
> (24권 762-775행)

자기 때문에 일어난 전쟁이고, 전쟁 때문에 숱한 트로이아인들이 죽었고, 숱한 트로이아의 여인들이 과부가 되었으며, 숱한 아이들이 고아가 되었다. 수많은 사람들이 전쟁을 원망하면서 동시에 헬레네를 원망했을 것이다. 헥토르는 그때 두렵고 미안한 마음으로 떨고 있던 헬레네를 감싸 주었던 유일한 사람이었다. 그가 죽었으니, 이제 그녀는 모든 비난과 원망에 무방비 상태가 되었다. 헬레네의 비통한 탄식이 더욱더 절실할 수밖에 없는 이유였다.

여인들의 애절한 통곡으로 휩싸인 헥토르의 시신은 모든 전사란 전사이기 이전에 먼저 인간이었다는 사실을 강하게 환기시켜 준다. 그의 죽음은 아내와 어머니, 그리고 그를 의지했던 모든 여인의, 그리고 모든 주변 사람들의 고통이었다. 이런 슬픔과 고통이 불 보듯 뻔한데, 왜 인간들은 죽고 죽이는 전쟁을 그치지 않는가? 전쟁의 승리와 영광을 열망하고 칭송하는 것인가? 호메로스는 최고의 전사 헥토르의 죽음을 세 여인의 울부짖음으로 감싸면서 우리에게 절규하듯 묻는 것 같다.

프리아모스는 장례식 준비를 지시했다. 아흐레 동안 장작을 날랐다. 열흘째 되는 날, 헥토르의 시신을 장작더미 위에 올려놓고 불을 붙였다. 이튿날 새벽까지 불이 타올랐다. 불을 끈 뒤 헥토르의 뼈를 수습했다. 뼈를 담은 황금 항아리를 빈 구덩이에 넣고 봉분을 올렸다. 이어서 장례의 피로를 푸는 성찬이 있었다. 그리고 《일리아스》는 이렇게 끝난다.

> 이렇게 그들은 치렀다, 말을 길들이는 헥토르의 장례식을.
> (24권 804행)

아킬레우스의 파괴적인 진노를 노래해 달라는 외침으로 시작된 《일리아스》는 헥토르의 장례식으로 끝을 맺고 있다. 이 마지막 장면은 분노, 아니 인간의 모든 것은 결국 죽음으로 끝나는 것이 아니냐는 울림을 준다. 전쟁의 치열함도, 전쟁 속 화려한 무공과 찬란한 명예도, 그것이 인간의 것인 한, 결국 모두 죽음으로 끝나는 것이 아닌가.

이쯤에서, 전쟁은 그 이후 어떻게 전개되었고, 아킬레우스는 정확하게 어떻게 되었으며, 트로이아 도성은 어떻게 멸망했는가를 묻는 것은 적절하지 않다. 그게 뭐 그렇게 중요한가? 호메로스는 조용히 헥토르의 장례식만을 보여 줄 뿐이다.

그런데 아킬레우스는 헥토르의 시신을 돌려준 뒤 장례식이 끝날 때까지 무엇을 하고 있었을까? 파트로클로스를 생각하며, 자신에게도 곧 닥칠 죽음을 준비하고 있었을지도 모른다. 전사로서 한 치의 흐트러짐도 없었던 영웅 아킬레우스의 모습은 헥토르의 죽음을 애도하는 여인들의 애곡 소리와 엄숙하게 진행되는 헥토르의 장례식 장면에 가려 보이지 않지만, 그 가려진 장면 속에는 전사의 무장을 벗어 한편에 세워 두고 드러난 인간 아킬레우스의 슬픔, 두려움과 함께 죽음 앞에서 평온을 찾는 초연함이 눈에 떠오르는 듯하다.

✤ ✤ ✤

마지막으로 덧붙일 말이 하나 있다. 헥토르의 장례식이 끝난 다음 이야기는 중요하지 않다는 내 말에 동의하지 못할 독자도 있을 것이기 때문이다. 그런 분들은 '트로이아 전쟁 서사시 모둠' 부분을 읽으면 나머지 궁금증을 어느 정도 해소할 수 있을 것이다. 호메로스의 다른 서사시 《오뒷세이아》와 로마의 서사시인 베르길리우스의 《아이네이스》를 읽는다면 더 많은 정보를 얻을 수 있을 것이다.

| 등장인물 목록 |

트로이아

그리스

| 더 읽을 거리 |

강대진, "호메로스 『일리아스』의 전투장면의 구조", 서울대학교 박사학위논문, 2001.

강대진, 《고전은 서사시다》, 안티쿠스, 2007.

강대진, 《일리아스, 영웅들의 전장에서 싹튼 운명의 서사시》, 그린비, 2010.

김준서, "『일리아스』의 테르시테스: 2.212-242를 중심으로", 서울대학교 석사학위논문, 2012.

김준서, "『오뒷세이아』의 아폴로고이: 『일리아스』에 대한 비판적 재해석", 서울대학교 박사학위논문, 2022.

김헌, "호메로스의 『일리아스』에 나타난 아킬레우스의 분노와 제우스의 뜻", 서울대학교 석사학위논문, 1997.

김헌, 《고대 그리스의 시인들》, 살림, 2004.

김헌, 《그리스 문학의 신화적 상상력》, 서울대학교출판문화원, 2016.

김헌, 《김헌의 그리스 로마 신화》, 을유문화사, 2022.

김헌, 《인문학의 뿌리를 읽다》, 이와우, 2016.

장영란, 《호메로스의 일리아스, 신들의 전쟁과 인간들의 운명을 노래하다》, 사계절, 2021.

조대호, 《『일리아스』, 호메로스의 상상 세계: 과거를 그리는 서사시》, 그린비, 2021.

번역서

뤼스템 아슬란, 김종일 옮김, 《트로이, 신화의 도시》, 청아출판사, 2019.
마틴 호제, 김남우 옮김, 《희랍문학사》, 작은이야기, 2005.
베리 스트라우스, 최파일 옮김, 《트로이 전쟁: 호메로스의 서사시 그 이면의 역사》, 뿌리와이파리, 2010.
브르노 스넬, 김남우·김재홍 옮김, 《정신의 발견: 서구적 사유의 그리스적 기원》, 그린비, 2020.
알베르토 망구엘, 김헌 옮김, 《『일리아스』와 『오디세이아』 이펙트》, 세종서적, 2012.
앙드레 보나르, 김희균 옮김, 《그리스인 이야기 1: 호메로스에서 페리클레스까지》, 책과함께, 2011.
피에르 비달나케, 이세욱 옮김, 2004, 《호메로스의 세계》, 솔.
헤르만 프랭켈, 김남우·홍사현 옮김, 《초기 희랍의 문학과 철학 1》, 아카넷, 2011.